다정한
개인주의자

다정한 개인주의자

K-컬처를 다진
조용한 실력자
X세대를 위하여

김민희 지음

메디치

나의 X세대에게

당신은 당신이 아는 그 이상일 수 있다

들어가며

이 책은 나를 몰랐던 나에게 보내는 반성문이자 나와 동시대를 경험한 X세대 친구들에게 보내는 러브 레터다.

세대론 무용론 목소리가 커지고 있다. 세대론을 부각할수록 오히려 갈등과 대립이 첨예하다고 한다. 세대론에 대한 논의는 이쯤에서 접고 화합과 공존의 길을 모색하자고들 한다. 맞다. 옳은 이야기다. 하지만 우리가 잊은 것이 있다. 다음 단계로 나아가려면 '나를 아는 것'이 선행되어야 한다. 나는 X세대가 자신을 몰라도 너무 몰랐다고 생각한다. 우리 세대를 어떤 세대인지 규정하기 전에 위아래 세대를 두리번거리기에 급급했다. 위로는 생존력 최강자인 베이비부머와 장기 점유 최강자인 86세대를, 아래로는 포노 사피엔스Phono Sapiens인 MZ세대를 배우기에 급급했다. 그 사이에 낀 X세대에 대한 논의는 논외였다. 있더라도 타 세대에 의해 규정되고 언급된 제3자의 시각이 대부분이었다. 가령,

① 자유분방하고 자기만의 개성이 강해 신세대, 신인류로 불리던 세대

② 개인주의자 첫 세대로서, 함께 힘을 모아서 무언가를 해본 적이 없어 특징을 규정하기 어려운 세대

③ 한때 존재감이 막강했으나 국제통화기금IMF 외환 위기의 직격탄을 맞고 기지개를 켜지 못한 채 영원히 조연에 머무르는 것처럼 보이는 세대

과연 그럴까? 세대론에서 X세대에 대한 특질은 이런 겉핥기로 묘사되는 경우가 대부분이어서 '이게 전부가 아닌데' 하는 인상을 지우기 힘들었다. 1975년생으로서 X세대 한가운데에 있는 내가 바라보는 X세대는 그렇게 간단한 세대가 아니다. PC통신을 20대 전후에 경험한 네트워크 첫 세대이자 해외여행 자율화 수혜를 입은 첫 글로벌 세대이고, 이념의 잣대를 벗어나 탈정치의 이데올로기를 지닌 첫 세대다. 또 집단보다 개인의 중요성을 인식한 첫 개인주의 세대인 동시에 서로 다른 공동체의 합리적 공존을 고민한 첫 시민 세대이기도 하다.

그리고 무엇보다 X세대는 1990년대 대중문화의 르네상스를 누린 세대로, 이를 기반으로 K-컬처의 기반을 다졌다. 세계인의 마음을 훔친 BTS(방탄소년단)와 넷플릭스 드라마 〈오징어 게임〉 〈지옥〉 〈킹덤〉으로 대표되는 K-콘텐츠를 만든 주역이 바로 X세대다. 정치와 경제를 제외한 대부분의 영역, 즉 영화와 드라마, 예능과 교육 등에서 X세대의 영향력은 실로 막강하다.

X세대는 결코 무대 뒤로 사라지는 세대가 아니다. 문화 영역에서는 늘 주연이었으며, 문화의 세기인 21세기, 또 개성과 다양성이 더욱 강화되는 앞으로의 세상에서는 더더욱 할 일이 많다. 정치·경제 분야가 불꽃이라면 문화는 지열과 같다. 정치·경제는 지금 당장 활활 타오르는 것이 보이지만 그 영향력은 상대적으로 얕고 짧다. 반면 문화의 파급력은 깊고도 길다. 한 사람의 사고방식에 보이지 않게 파고들고 스며들어 평생토록 뭉근히 영향을 미친다.

X세대는 그 이름처럼 미지수로 남은 부분이 여전히 많다. 한때 세상을 집어삼킬 듯 시끌벅적하게 등장한 신세대가 지금 겉으로는 어느 세대보다 조용하고, '나는 나'라며 윗세대와 차별화되기를 원했던 세대가 성실성의 화신이 되어 야근을 자처하는 이 모순을 어떻게 설명할 수 있을까? 단순히 "낀 세대는 다 그래"라는 단선적인 진실만으로는 설명되지 않는 물음표가 너무

많이 남겨져 있다.

이 책이 X세대의 경쟁력과 과제에 대한 논의의 출발점이 되면 좋겠다. 그런 면에서 이 책은 1975년생 김민희 개별자의 이야기인 동시에 우리들의 이야기이기도 하다. 더 많은 1970년대생들의 이야기가 나오기를 기대한다. 개인주의자 첫 세대인 X세대야말로 각 개인의 서사가 중요하다. 1972년생 김민수, 1979년생 이현정의 이야기도 듣고 싶다. 서로 다른 퍼즐들이 모이면 비로소 1970년대생들의 이야기가 입체적으로 보일 것이라고 믿는다.

×

책이 나오기까지 시간이 길었다. 3년 전부터 연구와 탐구만 하다가 중간에는 급기야 펜을 놓아버리기까지 했다. 여기에는 몇 가지 이유가 있다. 첫째, 내가 과연 1970년대생에 관해 세대론을 쓸 만한 자격이 있는지 의구심이 일었다. 내 경험과 극히 일부의 관찰만으로 세대론을 논한다는 것이 오만 같았기 때문이다. 폭넓은 설문 조사나 어떤 전수조사가 뒷받침되어야 하지 않을까 싶었다. 둘째, 세대론이란 기본적으로 윗세대와 아랫세대를 구획 짓고 이 세대가 가진 것과 가지지 못한 것을 비교해야 하기에 이런 글쓰기가 일면 불편했다. 가뜩이나 갈등과 대립이 첨예한 판국에 나까지 이런 분열의 글쓰기를 보탤 필요가 있을까 싶은 생각이 들었다. 내가 기자이자 편집장으로서 지향하는 글은 생명과 화합의 글쓰기였기 때문에 세대론 글쓰기 자체가 지향점과 배치된다고 느꼈다.

그럼에도 다시 노트북 앞에 앉았다. 그것도 아주 비장한 마음으로. 해야 할 말이 그사이에 더욱 분명해졌고 이 책이 세상에 꼭 나와야 하는 이유에 대해 확신이 생겼기 때문이다. 그런 면에서 '다정한 개인주의자'는 책의 지향점을 압축한 제목이다. '다정한'과 '개인주의자'는 일면 형용모순이다. 개별, 단독, 단절 등의 의미를 지닌 개인주의는 다소 차가운 어감을 지닌다. 그럼에도 X세대에 온기 어린 '다정한'이라는 수식을 붙인 이유는 '브릿지 세대'로서의 역할 때문이다. X세대는 윗세대와 아랫세대를, 이 극단과 저 극단을 부드럽게 잇는 교량 역할을 해오고 있으며, 앞으로도 더욱 적극적으로 해내야 한다고 생각한다.

"나도 할 말 있다!"라며 "저요 저요" 손드는 X세대들이 많아지면 좋겠다. 각자가 가진 추억의 어느 지점을 툭 건드리면서 더 많은 말을 하고 싶게 한다면 이 책은 성공이다. 지향점과 현실의 간극이 커서 괴로운 X세대가 "왜 힘든지 알게 되었다"라고 고백하는 이들이 생기면 성공이고, 중간에 끼어서 무엇을 해야 할지

막연했는데 내가 할 역할이 보인다고 생각했다면 성공이다. 또 밀레니얼 세대가 읽고 X세대 선배들이 왜 그렇게 애매하게 행동해왔는지 조금이라도 더 이해하게 된다면 성공이며, 베이비부머 이상 윗세대가 X세대를 보면서 이들이 사실은 양 세대의 교량 역할을 조용히 해오고 있었다는 점을 깨닫는다면 성공이다. 무엇보다 X세대들이 우리 세대가 가진 잠재력을 재발견하면서 한 방울의 용기를 얻기를 바라는 마음이 가장 크다.

이 책에는 15가지의 X세대 특징이 등장한다. 후대 연구에 도움이 되기를 바라는 마음을 담아 새롭게 규정한 개념들이다. 〈프롤로그〉에는 이 책을 쓰게 된 동기와 총론을 담았고, 1장 〈X세대의 기쁨과 슬픔〉에서는 X세대가 누구인지에 대해 분석했으며, 2장 〈저평가 우량주 X세대〉와 3장 〈새 시대 첫 세대〉에서는 X세대의 경쟁력을 조망했다. 마지막으로 4장 〈X세대에게 필요한 리더십〉에서는 어정쩡해 보이는 X세대 리더들에게 필요한 자세를 구체적으로 제시했다.

책이 나오기까지 많은 분께 빚졌다. 먼저 수년 전 X세대 연구의 첫발을 함께 떼고 수시로 관련 기사를 공유해준 나의 은밀한 친구 브라운박사에게 찐우정을 전한다. 심층 연구할 계기를 마련해주신 서경배 아모레퍼시픽 회장님, 누구를 위한 책인지 고민이 깊을 때 송곳 같은 질문을 던져 생각의 방향타가 되어주신 최인아 최인아책방 대표님께 고개 숙여 감사드린다. 책의 추천사를 흔쾌히 써주신 〈김현정의 뉴스쇼〉 김현정 PD님과 《나는 지방대 시간강사다》 김민섭 작가님께도 깊이 감사드린다. X세대 토론회에서 마이크를 쥐어주신 김현종 메치디미디어 대표님, 밀레니얼 세대이면서 이 책이 세상에 나와야 하는 이유에 대한 시선이 나와 딱 일치한 임채혁 편집자께도 깊고 깊은 감사의 말을 전하고 싶다.

무엇보다 내가 《주간조선》 기자 당시에 쓴 〈잊혀진 X세대의 비명〉 기사를 읽고 "내가 왜 힘든지 알게 되었다"라며 장문의 이메일을 보내준 X세대 독자분께 두 번 세 번 감사의 말씀을 전한다. 그분이 아니었다면 이 책의 효용성에 대한 확신이 없었을 것이다. 그리고 사랑하는 《톱클래스topclass》 후배들! 늘 든든한 심리적 지원군이 되어주는 그대들 덕분에 약해지지 않고 뚜벅뚜벅 걸어올 수 있었다. 마지막으로, 엄마가 세상에서 가장 멋지다고 말해주는 두 아들 수빈과 정빈, 늘 같은 자리에서 커다란 우산이 되어주는 남편에게 우물 같은 사랑을 전한다.

2022년 4월

김민희

차례

2장

저평가 우량주 X세대

3장

새 시대의 첫 세대

4장

X세대에게 필요한 리더십

프롤로그

우리 시대는 오지 않는다고?

2021년 6월 11일을 잊지 못한다. 헌정사상 최초로 30대 정치인인 이준석이 당 대표로 선출되었다. 그것도 보수 야당 '국민의힘'에서. 이 뉴스를 접한 날 밤, 갈피 잡기 힘든 상실감이 몰려들었다. 그 상실감은 뭐랄까, 내가 가진 소중한 무언가를 잃어버린 상실감과는 달랐다. 그보다 앞으로 펼쳐진 수십 개의 갈림길 중 희망의 길 하나가 푹 하고 꺼져버린, 집단적 기회 상실에서 오는 허탈감에 가까웠다.

상실감이 가시기도 전인 2021년 11월 17일, 국내 최대의 포털사이트 네이버의 CEO에 1981년생 최수연 책임리더가 내정되었다. 1980년대생이 10대 그룹 대표이사에 선임된 것은 이번

이 처음이었다. 네이버의 이전 수장은 1967년생 한성숙 CEO. 1970년대생을 건너뛰고 1980년대생에게 바통이 쥐어졌다는 생각을 떨치기 힘들었다. 정치계에 이어 경제계에서도 1970년대생 패싱론이 흘러나오는 상황이었다. 노래 한 곡을 틀었다. 패닉의 〈달팽이〉.

언젠가, 먼 훗날에, 저 넓고 거칠은 세상 끝 바다로 갈 거라고…

이 구절이 흘러나오는 순간 상실감의 농도가 2배 정도는 농밀해져서 휘몰아쳤다. 1970년대생 이적의 감성은 X세대가 가진 문화적 감성을 철학적이고도 우아하게 꿰뚫었다. 동시에 이들 세대가 향하는 시선 또한 고스란히 담고 있었다. 세상 끝까지 닿으려는 불가능한 꿈을 품고 드넓은 바다를 지나 세상 끝을 향해 느리지만 쉬지 않고 전진하는 달팽이. 이 꼬물거리는 조용한 전진이 1970년대생을 닮았다는 생각이 들었다. 무모한 낭만주의자, 하면 된다는 신화를 무턱대고 믿던 마지막 세대, 기존의 성공 방정식에서 벗어나지 못하고 트레드밀 위에서 제자리걸음을 쉬지 않고 하는 성실한 일꾼, 하고 싶은 말이 있어도 목청껏 권리를 주장하지 못하고 안으로 삭여버리는 침묵의 세대….

1970년대생은 1990년대에 X세대로 불리며 화려하게 등장했다. 기존 세대와는 달라도 너무 다른 사고방식과 패션, 행동 양식 때문에 기성세대는 이들 세대를 이해 불가의 시선으로 바라보고 연구했다. 오죽하면 '신인류'로 불렀을까. 그런데 세상을 집어삼킬 듯 시끌벅적하게 등장한 X세대는 언제부터인가 존재감이 없어지기 시작했다. 정치·경제 영역과 세대론 측면에서 보면 오히려 투명인간에 가깝다. 언제부터, 왜 이렇게 된 것일까.

40대 패싱의 이면

이준석 현상은 세대교체론 이슈를 낳았다. 이준석의 당 대표 당선 이후 이번 대통령 선거는 여와 야, 진보와 보수, 남과 여의 대결이라기보다 노老와 소少, 즉 세대 간 대결이라는 시각이 지배적이었다. 여기에서 '노'는 1960년대생 이상 기성세대이고, '소'는 1980년대생 이하 청년 세대다. 그 사이에 낀 1970년대생은 논외다. 그리고 자연스레 기성세대의 아류로 분류되면서 조용히 사라지는 형국이다.

이대로 끝나버리는 것인가, 우리 세대는 오지 않는 것인가 하는 생각이 본격적으로 들기 시작했다. 크고 작은 징후는 계속 있어왔지만 설마설마했다. 그런데, 그런데 진짜로 건너뛰는 것인가?

설마 했는데, 진짜 40대 패싱이야?

우리 이렇게 역사의 뒤안길로 사라지는 거야? 무대에 한 번 서 보지도 못하고?

그때 그 X세대 경쟁력 책 준비한다고 했잖아. 꼭 써줘.

내가 수년 전부터 X세대 연구를 해온 것을 아는 지인들이 연락해왔다. 이준석 현상은 1970년대생에게는 일종의 벼랑 끝 도화선이 된 셈이다. 탈정치 세대에 가까운 1970년대생은 자신들이 처한 세대의 부조리함을 소리 높여 말하지 않았다. 그러다 보니 우는 아이 젖 준다고, 정책적 혜택에서는 상당 부분 소외되어 있었다. 부동산이나 일자리 정책은 만 39세 청년까지 대상이었고 코로나19 백신 대상 연령도 그랬다. 70대 이상, 60대, 50대로 내려오다가 사회 필수 인력이라면서 30대 남성으로 내려갔다. 그 사이에 있는 40대 남성은 건너뛰었다.

그럼에도 그들은 여전히 조용하다. 그게 바로 1970년대생이다. 개인주의자 첫 세대인 이들은 똘똘 뭉쳐 한목소리를 내지 않는다. 윗세대인 86세대는 민주주의를 기치로 오프라인에서 똘똘 뭉쳐보았고 아랫세대인 밀레니얼 세대는 젠더 감수성을 이슈로 온라인에서 똘똘 뭉쳐보았다. 그런데 X세대는 어떤가. 한 목소리를 내보지도 못하고 가지지도 못한 모래알 세대인 이들은 그저 각자의 자리에서 조용히 탄식한다.

이런 상황에서 X세대는 위아래 세대에 대한 일종의 부채 의식이 있다. 60대 이상은 산업화의 주역이었고 50대는 민주화의 주역이었으며 30대는 진정한 의미에서 시민화를 이루어낸 주역이었다. 20~30대는 높아진 인권 감수성으로 우리 사회 곳곳에 있는 다양성의 가치들을 존중할 수 있는 틀을 마련했다. 선진 시민이라고 할 만하다.

윗세대의 아류인가 아랫세대의 베타버전인가

그렇다면 X세대는? 겉으로 X세대는 이렇다 할 역할을 하지 못한 채 윗세대의 아류로, 아랫세대의 베타버전으로 조용히 사라지는 것처럼 보인다. 하지만 X세대는 그렇게 간단한 세대가 아니다. 우리나라는 유독 정치·경제 만능주의로 흐르는 경향이 강한데 X세대는 이 두 분야에서 힘을 발휘하지 못한 면이 있었기 때문에 존재감이 없어 보인다. 하지만 시선을 문화로 돌리면 이야기는 달라진다.

×

세상 끝까지 닿으려는 불가능한 꿈을 품고

드넓은 바다를 지나 세상 끝을 향해 느리지만

쉬지 않고 전진하는 달팽이.

이 꼬물거리는 조용한 전진이

1970년대생을 닮았다는 생각이 들었다.

X세대는 문화 세대다. 이들은 국가 주도의 경제개발 정책이 힘을 발휘하면서 어릴 때부터 경제적 풍요를 누렸다. 국외적으로는 냉전 시대가 종식되고 국내적으로는 반독재 정치가 막을 내리면서 비교적 안정적인 정세에서 성장했다. 이런 분위기에서 20대를 겪은 X세대는 밖이 아니라 안으로 시선을 향한 채 개인의 자유와 개성을 마음껏 펼칠 수 있었다.

서태지와 아이들의 등장과 함께 본격적으로 포문을 연 X세대의 새로운 문화부흥 운동은 대중문화의 르네상스를 이끌었다. 이전 세대가 '우리'와 '시대정신'을 노래했다면 X세대는 본격적으로 '나의 욕망'을 노래했다. 1990년대에는 신승훈, 김건모, 이승환, 엄정화, 조성모 등의 100만 장 베스트셀러 음반이 쏟아졌고, 015B, 룰라, DJ DOC, 듀스, 클론, 솔리드, 투투, R.ef, 노이즈, NRG, 영턱스클럽, 체리필터 등 이전에는 없던 개성 강한 그룹들이 무대를 가득 채웠다. 거리마다 흥이 넘쳤고 젊은이들의 패션은 '같은 나라 맞아?'라는 생각까지 들 정도로 파격적이었다. 드라마와 영화 등에서도 마찬가지다. X세대가 써내려간 대중문화의 문법은 달랐다. 하나로 규정지을 수 없는 자아들의 합주는 비슷한 듯 제각각이었다. 그들이나 우리가 아니라 '나'를 노래한 진정한 개인주의자들의 탄생이었다.

문화 세대의 영향력

이들의 영향력은 20여 년이 지난 지금도 현재진행형이다. 소위 '1990년대 문화와 음악'은 하나의 장르처럼 자리 잡았다. 1990년대생 실력파 음악가 박문치는 자신의 꼬꼬마 시절에 유행했던 1990년대의 음악적 감성을 지향하고, 1990년대를 풍미했던 가수들을 소환하는 예능 프로그램 〈슈가맨〉은 그 시대 음악의 진가를 다시 보게 했다. 1990년대 음악은 1970년대생에게는 추억이지만 MZ세대에게는 파격과 새로움으로 다가왔다. 철 지난 음악 대부분은 촌스러운 옛것으로 치부되기 쉽지만 1990년대의 음악은 시대를 뛰어넘어 사랑받는 장르가 되었다.

패션도 그렇다. 1990년대에 배우 김희선이 드라마 〈토마토〉에서 착용했던 곱창밴드를 2020년에 걸그룹 블랙핑크의 제니가 다시 착용했고, 서태지와 아이들이 유행시킨 '오버사이즈 핏'은 2020년 전후에 '아빠핏'으로 다시 유행했다. 오버사이즈 재킷을 사기 위해 일명 패피(패션피플)들이 서울 종로구 창신동의 구제 옷가게를 찾는 풍경이 흔했다.

X세대는 늘 대중문화의 최전선에 자리했다. 유행을 이끌고, 새로운 문화 코드를 만들어내고, 열정과 실력으로 다진 문화력을 전 세계에 퍼뜨렸다. 대한민국 국격을 한 차원 높인 케이팝

K-Pop의 역사를 새로 쓰게 한 주역들은 대부분 X세대다. BTS를 만든 방시혁 하이브 의장이 그렇고 〈강남스타일〉로 케이팝의 선봉을 이끈 싸이, 아이돌 문화를 설계한 박진영 JYP 엔터테인먼트 대표, 양현석 YG 엔터테인먼트 대표도 그렇다. 우리 것으로(로컬local) 세계 무대에서(글로벌global) 통한 '글로컬'의 부상이었다.

나는 1970년대생을 '조용한 실력자들의 세대'라고 부른다. 더 이상 데모 때문에 휴학하지 않아도 되는 시대를 살면서 이들은 제대로 된 대학 공부, 각자의 인생을 탐색하는 독서를 하기 시작했다. 이렇게 다져진 사색력과 탐색력은 30대, 40대가 되면서 서서히 빛나기 시작한다. 전문가 필자의 탄생과 이들의 부상은 시기를 같이한다. 김상욱·정재승(이하 과학), 최준석(건축), 윤홍균(심리학) 등 쟁쟁한 전문가 필자의 등장은 그래서 의미 있다. 이전 세대만 해도 과학이나 건축 등 전문 분야에서는 대필 작가가 따로 있는 경우가 많았다.

X세대의 시대는 이미 와 있다. 문화 세대인 이들은 이미 각자의 영역에서 새 분야를 개척하고 창조하고 있다. 조용한 실력자들의 세대이자 느릿하지만 꾸준한 달팽이 세대인 X세대. 이들의 영향력은 은근히 뜨겁다. 그리고 앞으로도 그 열기는 사라지지 않으리라 본다. 그것이 바로 문화의 보이지 않는 힘이다.

세대 구분법

X세대론을 본격적으로 논의하기에 앞서 밝혀둘 것이 있다. 각 세대의 나이를 어떻게 볼 것인지에 대한 단 하나의 사회적 합의는 존재하지 않는다. 나라마다 다르고, 연구자마다 자료마다 조금씩 차이를 보인다. 이 책에서는 최샛별 이화여대 교수가 《문화사회학으로 바라본 한국의 세대 연대기》에서 언급한 구분을 기반으로 하되 베이비부머 세대와 86세대를 구분 지었다.

《다정한 개인주의자》에서 말하는 X세대는 1970~1979년생을 지칭한다. X세대를 1968~1977년생으로 보는 연구자도 있는데 이는 문화적인 측면 위주의 구분이다. 이 책에서는 문화적인 영역뿐 아니라 정치·경제적인 측면의 특성도 고려한 분류를 따른다. X세대는 정치적으로는 운동권 다음 세대로서 탈정치·탈이념적 성격이 강하고 경제적으로는 학연·지연·혈연을 중시하지 않으면서 IMF 외환 위기라는 직격탄을 맞았다. 이렇게 보자면 1968~1969년생보다는 1978~1979년생이 X세대의 공통점을 더 많이 지녔다는 점에서 X세대를 1970~1979년생으로 규정했다.

세대론은 어찌 보면 신기루와 같다. 기본적으로 해당 집단의 원체험을 중심으로 한 대략적·확률적 속성이므로 개인차

세대명	출생 연도
Z세대	1990년생 이후
밀레니얼 세대	1980~1989년생
X세대	1970~1979년생
86세대	1960~1969년생
베이비부머 세대	1955~1963년생(1960~1963년생은 86세대이자 베이비부머)
산업화 세대	1954년생 이전

이 책에서 사용한 세대 구분

가 크다. 원체험이 같아도 개개인의 기질과 성향에 따라 느끼는 바는 천양지차이기 때문에 해당 세대의 공통 특징에 대해서도 '어? 나는 이렇지 않은데' 식으로 생각할 부분이 많다. 또 세대론은 단절적이지 않고 연속성이 강하다. 무 자르듯 새로운 세대가 출현하는 것이 아니라 그러데이션gradation처럼 서서히 변화해간다. 따라서 1970년대생 전후는 X세대와 86세대의 특질을 동시에 가지고 있고 1980년대생 전후는 X세대와 밀레니얼 세대의 특질을 함께 아우른다. 1970년대생을 전후로 한 세대, 즉 1968~1969년생과 1980~1982년생은 X세대의 성격과 상당히 유사한 면이 많음을 알 수 있다.

1장

X세대의 기쁨과 슬픔

개인주의 첫 세대, 서태지와 함께 화려하게 등장하다

1992년 3월 14일, MBC 〈토요일토요일은즐거워〉(일명 토토즐)를 보다가 숟가락질을 멈추었다. 입을 벌린 채 넋을 놓고 바라보았다. '저건 뭐지?'라는 심정이었던 것 같다. 분홍 재킷에 금테 안경, 펄럭이는 정장 바지의 서태지, 그리고 그만큼 펄럭거리는 오버사이즈 핏 정장을 입은 양현석과 이주노. 이전까지는 보지 못한 신인류의 등장이었다.

"난 알아요, 이 밤이 흐르고 흐르면 누군가가 나를…" 부분에서는 누군가가 나를 떠나버린다는데 저렇게 신날 일인가 하고 이상해하다가 "난 정말 그대 그대만을 좋아했어" 하는 변주 부분에서는 낯선 설렘을 느꼈다. 느리고 축축 처지는 소위 '궁상맞은' 이별 노래에 익숙했던 나의 귀는 랩 댄스라는 새로운 장르를 금세 받아들였다.

우상을 넘어 신드롬이었고 '문화 대통령'이라는 표현이 과하지 않았던 서태지. 그의 영향력은 막강했다. "You must come back home~"이라는 가사가 담긴 노래 〈컴백홈〉 덕분에 가출 청소년들이 하나둘 집으로 돌아왔다는 뉴스까지 보도되었을 정도였다. 〈환상 속의 그대〉 〈이 밤이 깊어가지만〉 〈하여가〉 〈발해를 꿈꾸며〉 등 그가 선보인 노래는 하나같이 신세계였다. 각각의 노래는 그 자체로 하나의 장르라 하기에 부족함이 없었다. 서태지스러웠지만 이전의 서태지를 자가 복제하지 않았다. 서태지와 아이들은 X세대의 등장을 알리는 신호탄이었다. 이전에는 결코 볼 수 없었던 개성 강하고 자유분방한 예술혼. 아름다우면서 낯설었고 전위적이면서 신선했다. 패션 역시 파격이었는데, 상표를 떼지 않은 모자를 쓰고 무대에 등장한 파격은 파격도 아니었다. 진분홍색으로 염색한 헤어, 벙거지, 헐렁한 바지에 멜빵바지 등 그의 패션은 곧 유행이 되었다.

한국 가요계는 서태지 전후로 나뉜다고 해도 과언이 아니다. 들국화, 시나위, 봄여름가을겨울, 송골매 등 개성 강한 그룹들이 이전 세대에도 있었지만 서태지만큼은 아니었다. 서태지가 등장한 즈음 KBS 〈가요톱10〉(가요톱텐)에서는 태진아의 〈옥경이〉

가 1위를 차지하고 있었고, 서태지 2집이 나왔을 때는 김수희의 〈애모〉와 경쟁이 치열했다. 기성세대 문화와 동질감이 크지 않았던 X세대는 새로운 세계의 큰 문을 열어젖혔다. 풍부한 감성과 자기만의 화법이 꿈틀거리는 낭만의 세계였다.

서태지와 아이들부터 강력한 팬덤 문화가 싹트는데, 이는 한국의 정치·경제 등 분야 곳곳에 막강한 영향력을 행사하게 된다. 정치가 팬덤화되는 것도 이들 세대의 활약과 무관하지 않다. X세대는 '내가 투표한 가수 1위 만들기'의 짜릿한 손맛을 보면서 훗날 더 큰 주도권을 쥐게 된다. 정보화 첫 세대인 이들은 네트워크 세상의 첫 주역이 되면서 내가 좋아하는 스타든 정치인이든 '덕질'의 대상화로 만들어갔다.

우리 대신 나를 노래하다

서태지는 일인칭을 노래했다. 이전 세대는 '우리'를 주어로 '우리들'을 향해 노래했지만 그는 '나'의 이야기를 했다. 시대보다 개인에 방점을 두었고 시대를 다루더라도 복수가 아니라 단수로 수렴되는 노래를 불렀다. '나'의 이야기는 힘이 세다. 나만의 깊은 이야기가 타인의 영혼과 공명하는 지점이 있다면 감동은 말할 수 없이 크고 깊다. BTS의 아버지로 불리는 방시혁 의장이 이들에게 "너의 이야기를 하라"라고 주문한 것은 이런 이유일텐데, 서태지는 이미 30년 전에 이를 실천한 셈이다.

그의 노래는 시대의 고민에서 살짝 비켜나 있었다. 시대를 다루더라도 정면이 아니라 측면에서 다른 방식으로 노래했다. 당시에는 엄혹한 정치적 상황도 없었고 경제적 빈곤에서도 탈출한 상태였다. 비교적 풍요롭고 안정적인 환경에서 자란 1970년대생들이 20대였던 1990년대 초중반에는 희망과 낭만이 가득했다. 꿈꾸는 무엇이라도 다 될 수 있는 것처럼 부풀어 있던 청춘이었다. 시대적 고뇌의 산물이거나 고통에서 건져 올린 이전 세대의 묵직한 노래와는 달리 서태지의 노래는 기본적으로 맑고 해사했다. 〈교실 이데아〉나 〈시대유감〉처럼 사회 비판적인 곡조차 밝고 경쾌한 톤으로 노래했다. 님프의 요정도 울고 갈 미소년 같은 외모에 가느다란 금테 안경, 수정같이 투명한 미성 자체가 이전에는 없던 캐릭터였다.

그로부터 4년 뒤인 1996년 1월, 서태지와 아이들은 돌연 은퇴를 선언했다. 하지만 은퇴 이후에도 그들은 한 번도 잊힌 적이 없었다. 희망으로 벅찼던 20대의 X세대에게 서태지는 영원히 늙지 않는 피터팬 같은 모습으로 박제되었다. 유튜브에서 볼 수 있는 서태지와 아이들의 노래 영상은 여전히 인기를 누리고 있는데 댓글이 한결같았다. "잊힌 적 없어서 〈슈가맨〉에 나올 수 없다" "서태지는 문화다" "지금 보아도 촌스럽지 않다" "서태지는 천재다" "지금도 저 때가 그립다…" 등등.

서태지가 또 하나 특별한 것은 '개인의 힘'을 보여주었다는 점에 있다. 그는 이전 세대를 흉내 내려 하지 않고 자신만의 스타일로 자신이 하고 싶은 이야기를 담은 노래를 불렀다. 자신이 작사·작곡하고 프로듀싱하고 노래하고, 서태지와 아이들이 안무하고 춤을 추었다. 노래든 춤이든 그들만의 펄떡거리는 언어가 살아 숨 쉬었다. 최근 들어 MZ세대의 화두가 된 '나다움'을 그는 그때부터 이미 뼛속 깊이 장착하고 표출했다.

기획사 사장과 방송사 PD의 권력이 상당했던 시절, 서태지와 아이들은 실력만으로 음반 시장을 장악했다. 그리고 이 힘으로 세상을 변화시켰다. 기성세대가 구축한 낡고 닳은 관행에 정면으로 도전해 견고한 기존 음반 제작 시스템을 깨부수는 데 큰 기여를 했다. 그런가 하면 음악 소비자의 권리를 위해 저작권과 초상권 지키기, 사전심의제도 철폐 운동 등을 폈다. 서태지의 문제 해결 방식은 집단으로 똘똘 뭉쳐 움직이던 기성세대와는 확실히 달랐다. 실력 있는 한 개인의 힘으로 세상을 움직일 수 있다는 것을 앞서서 증명했다.

×

서태지는 일인칭을 노래했다.

이전 세대는 '우리'를 주어로 '우리들'을 향해 노래했지만

그는 '나'의 이야기를 했다.

시대보다 개인에 방점을 두었고 시대를 다루더라도

복수가 아니라 단수로 수렴되는 노래를 불렀다.

미지수 X에 대하여

X세대는 이름이 많다. 널리 통용되는 X세대 외에도 문화 세대, 정보화 세대, 탈정치 세대 등으로도 불린다. 그만큼 이전의 세대와는 차별화되는 특질이 많다는 이야기다. 최샛별 교수는 《문화사회학으로 바라본 한국의 세대 연대기》에서 "이들 세대가 중요한 이유는 지금의 당연한 것들의 시작 지점에 X세대가 있었기 때문"이라며 "이들은 과거에 없었던 새로운 삶의 방식을 만들고 삶에 대한 다양한 가능성을 제시하며 우리 사회에 신선한 변화의 바람을 불어넣었다"라고 했다.

우리나라에 '세대'라는 용어가 본격적으로 등장한 것은 X세대부터다. 이전에는 한 집단에 세대라는 이름을 붙일 필요가 없었다. 나이듦에 의한 사고방식 차이일 뿐 세상에 없던 파격적인 가치관을 가진 그룹이 없었기 때문에 구분 지을 필요가 없었다.

X세대는 달랐다. 가치관, 패션, 라이프 스타일에서도 이전 세대와는 확연히 차별화되었다. 이들의 등장은 어마어마하게 파격이었다. 최근 MZ세대를 신인류로 바라보는 시각이 강하지만 이들을 바라보는 시각과 비교할 수 없을 만큼 X세대와 이전 세대의 단절은 컸다. MZ세대를 보면, 바로 윗세대인 X세대는 이들을 어느 정도 이해하지만 당시 X세대는 바로 앞세대조차 이

해할 수 없어 했다. 이들을 신기해하면서도 탐탁지 않게 생각하는 시선이 많았고, 여기저기에서 "도대체 왜 저러는 것일까"라며 눈총을 주었다. 오죽하면 도무지 알 수 없는 세대라는 의미에서 미지수를 뜻하는 알파벳 X를 가져와 'X세대'라고 불렀을까. 완전히 새롭다는 의미에서 '신세대'로 부르기도 했다.

X세대의 개념부터 짚고 넘어가보자. 널리 알려져 있다시피 X세대라는 용어는 1991년, 캐나다 작가 더글러스 코플랜드Douglas Coupland가 쓴 소설 《X세대Generation X》에서 유래했다. 소설에서 X세대는 중산층 가정에서 안정적으로 자랐지만 미래에 대한 꿈이나 목표 의식 없이 염세주의적 태도를 지닌 젊은이들이다. 코플랜드의 소설에 등장한 X세대가 한 세대를 통칭하는 용어로 쓰이게 된 것은 미국 기업들에 의해서였다. 1960년대 중반~1970년대 중반에 태어난 이들이 소비 시장에 등장하자, 미국 기업들은 독특하고 개성 강한 이들을 무엇이라고 이름 붙여야 할까를 고민했다. 그러던 중 코플랜드의 소설에서 X세대라는 용어를 발견했다.

한국에서는 1993년 동방기획에서 만든 광고에 처음 등장했다. 화장품 브랜드 아모레(현 아모레퍼시픽)는 신세대를 위한 화장품을 선보이면서 '아모레 트윈 X'로 상표명을 달았다. 당시 제품만큼, 아니 그 이상 화제 몰이를 하던 것이 광고였다. 해당 광고는 지금 보아도 전위적이고 세련미가 넘친다. 광고 모델은 배우 이병헌과 가수 김원준. 당대를 주름잡던 20대 중반의 두 남성에게는 공통점이 있다. 강렬하면서도 반항기 강한 눈빛, 끝내 자신을 다 보여주지 않는 신비감. 흑백 화면은 이들의 눈빛에 시선을 집중하게 하고, '삐익~' 하는 고음역대의 배경음악은 신비스러움을 배가한다. 그리고 "나는 누구인가" "이성 〈 느낌" 단 두 개의 짧은 자막이 메시지를 대신한다.

아모레 트윈X 광고는 시리즈마다 화제였다. 광고 모델은 대부분 남자였지만 여배우도 한 명 있었다. 기존의 여성스러움을 배반하는 캐릭터 하면 어떤 얼굴이 떠오르는가? 맞다. 드라마 〈종합병원〉에서 짧은 커트 머리 스타일로 등장한 배우 신은경이다. 중성적인 매력을 가진 신은경은 이 광고에서도 짧은 커트 머리로 등장해 눈빛으로 강렬한 레이저를 쏘았다. 사람들의 시선 따위는 아랑곳하지 않는 X세대의 당당함 그 자체였다.

오렌지족과 배꼽티, "기분이 조크든요"

광고 이야기가 나온 김에 두고두고 회자되는 X세대의 장면을 하나 더 언급하려 한다. 일명 "이렇게 입으면 기분이 조크든요" 인터뷰다. 1994년 9월 17에 방영된 〈MBC 뉴스〉는 '20년 만의 평행이론설'이라는 재미있는 시각과 함께 다시 회자되었다. 업로드 1년 만에 조회 수가 무려 350만 회에 이를 정도다.

1990년대 패션은 파격이었다. 배꼽티가 처음으로 길거리에서 유행하기 시작했고 군화와 힙합바지, 레이어드룩이 캠퍼스를 뒤덮었다. 눈 화장이 진해 '키메라 화장'으로 불렸고, 과장된 입술 라인 안에는 검붉은 립스틱이나 일명 심은하 립스틱으로 불리는 은갈치색 립스틱으로 채웠다. 당시 20대였던 이들의 인터뷰를 보자.

자유롭게 사는 게 제일 중요하다고 생각하거든요.

때로는 사람이 유행을 탈 줄도 알고 넘치는 힘을 밖으로 폭발할 줄도 알아야 해요.

굳이 영화를 누리면서 살아야 하는 게 아니라, 자기가 생각한 대로 잘 이루어서 살아가면 그게 좋은 것 같아요.

(군화를 왜 신었냐는 기자의 질문에 20대 여성) 군화를 신으면 섹시

한 느낌도 나고요, 남자들이 신는 거라서 남자들과 좀 대등한 느낌도 나고요. 이렇게 입으면 기분이 조크든요(좋거든요).

(긴 목걸이를 한 20대 남성) 아, 이거요? 제 자동차 키인데요, 개성 있기도 하고 또 실용적이기도 하고요.

압구정동에는 오렌지족이 들끓었다. 무스로 머리를 고슴도치처럼 빳빳이 세우고 알록달록 튀는 패션에 외제 차나 오픈카를 타고 다니면서 "야~ 타!"라고 외쳐서 '야타족'으로도 불렸다. 이들의 패션은 지금의 기준으로도 대단한 파격이었다. 1990년대 패션을 재현하는 일명 패피들조차 따라 하기 힘들 정도다. 오렌지족은 신흥 부자의 상징이었다. 급격한 경제성장으로 부를 일군 산업화 1세대는 서울 강남의 신화를 만들어갔는데 이들의 자녀들은 그 혜택을 고스란히 물려받았다. 주로 해외 유학파 1세대인 이들은 방학이면 한국에 돌아와 부모 돈으로 펑펑 쓰고 다녔다.

오렌지족의 유래에 대해서는 의견이 분분하다. 오렌지가 대표적인 수입 과일이어서 유학파인 이들을 지칭하는 용어가 되었다는 설, 오렌지로 유명한 캘리포니아에서 온 유학생이 많아서 오렌지족이 되었다는 설 등이 있다. 오렌지족을 어설프게 따라 해 짝퉁 명품으로 휘감고 다니는 이들은 '낑깡족'으로 불렸다.

드라마 〈응답하라 1994〉에도 오렌지족이 언급된다. 해태(손준호 분)가 "아따~ 내가 이리 봬도 순천서 최초로 오렌지족 소리 들어본 놈이여!"라며 스타일리시한 패션을 뽐낸다.

1994년에 문화체육부에서 발간한《94년도 청소년 육성정책 결산 및 95년도 청소년 정책 방향》보고서는 아예 오렌지족의 특성을 본격적으로 다루었다. 여기에서 언급한 오렌지족의 특성은 이렇다.

> 일반 청소년들은 대학 입학이라는 지상 과제를 향해 하루 24시간을 쪼개가며 당장의 고통을 참는 반면 오렌지족은 술·여자 등과 함께 '즐기는 것'을 인생의 목표로 삼는다. 월 2~3만 원의 용돈을 사용하는 일반 청소년과는 달리 오렌지족은 카드나 수표를 사용하며 버스나 지하철보다는 스포츠카와 외제 차 등을 몰고 다닌다. 서로의 사랑을 조금씩 확인해가는 애틋한 연애보다는 부킹과 함께 당일로 호텔로 직행하는 벼락치기 쾌락에 탐닉한다.

국민의 70퍼센트가 중산층이던 지상낙원

이렇듯 오렌지족에 대한 인식은 다소 부정적이다. 오렌지족과 X세대는 충분조건이지 필요충분조건은 아니다. 다시 말해, 모든 오렌지족이 X세대이기는 하지만 X세대 모두 오렌지족은 아니라는 이야기다. X세대가 가진 공통 특성은 새로움과 창의성, 자유와 개성, 탈규격화와 탈권위주의, 그리고 자신감 등이다. 이런 긍정적인 특성들이 일부 탈선을 일삼는 오렌지족으로 인해 오염되고 잘못 해석되는 경향이 있었다.

여기에서 X세대가 가지고 있는 자신감의 원천을 들여다볼 필요가 있다. 당시 X세대의 인터뷰 영상을 보면 놀라울 정도로 말투가 자신만만하다. 어떤 말에든 '그래, 나 이런 사람이야, 어쩔래' '나는 나!' 하는 태도가 마치 대본의 지문에 녹아 있는 듯 하나같이 당당했다. 도대체 무엇이 이들 세대를 이토록 자신만만하게 만들었을까. 앞에서 언급한 일명 '기분이 조크든요' 영상에서 '좋아요'를 가장 많이 받은 댓글을 보면 그 단초가 보인다.

> 당시는 지상낙원이었다. 경제성장률이 10퍼센트대였고, 은행에 돈을 넣어두기만 하면 연이자 20퍼센트씩 주었고, 일자리가 넘쳐나서 면접 온 분들에게는 돈까지 쥐어주면서 우리 회사에 와달라고 했으며, 국민의 70퍼센트가 중산층이라고 믿었다. IMF가 터지기도 했지만 모두가 희망을 품었다.

세대의 특질은 시대의 공기에서 자유로울 수는 없다. 이렇듯 3저(저금리, 저유가, 저달러)와 3고(고금리, 고일자리, 고성장률)의 호황이 20대의 X세대에게 주어졌다. 한중 국교 수립(1992), 우루과이 라운드 타결(1993), 경제협력개발기구OECD 가입(1996) 등 경제성장의 기폭제가 되는 역사적 사건이 이 시기에 체결되었다. 수출산업이 날개를 달았고 1988년 서울올림픽 특수까지 누렸으며 건설 경기 호조도 이어졌다. '한강의 기적'으로 상징되는 고도성장이 지속된 시기였다. 1인당 국민총소득GNI의 상승세 역시 이 시기에 매우 가파르다. 1970년에 225달러였던 1인당 국민총소득은 X세대가 20대 전후였던 1990년에 6303달러가 된다. 20년 사이에 무려 27배 오른 셈이다. 2020년의 1인당 국민총소득은 3만 5168달러로, 최근 30년간 4.5배 오른 것과 비교할 때 당시의 상승률은 역대급이었다. 성장 과정에서 전무후무한 고도성장을 경험한 이들은 사회 전반에 공기처럼 퍼져 있는 긍정 에너지를 듬뿍 흡수하며 자라게 된다. 《동아일보》 1989년 1월 23일자를 보면 "국민의 60퍼센트 이상이 나는 중산층"이라고 답했다는 기사가 있다. 갤럽 조사에서는 무려 75퍼센트가 자신을 중산층으로 인식한다는 결과가 나왔다. 부의 불평등이 비교적 적었으며, 사는 수준이 고만고만한 이 중산층의 비율은 IMF 외환 위기가 터지기 전까지는 높은 수준을 유지했다. 이후로는 중산층 비율이 점점 낮아져 2019년에는 겨우 48.7퍼센트만 스스로를 중산층이라고 여겼다(SM C&C '틸리언 프로Tillion Pro' 설문 조사, 《조선일보》 2019년 1월 26일자 〈'중산층'이 사라진다. 30년 전 국민의 75퍼센트가 나는 중산층… 올해에는 48퍼센트로 뚝〉에서 재인용).

요컨대 X세대가 10~20대일 때는, 꿈꾸는 것은 그 무엇이든 이룰 수 있을 것 같은 핑크빛 기조가 온 세상을 감싸던 시기였다. 김우중 대우그룹 회장의 《세계는 넓고 할 일은 많다》가 국내 최단기 밀리언셀러 기록을 세웠고, 당시 하버드대학 최우수 졸업생이 된 홍정욱의 마침표 없는 도전기 《7막 7장》 또한 밀리언셀러가 되었다. 도전과 패기가 가득했고 기회가 활짝 열려 있었으며 희망과 웃음이 가득한 시대였다.

1990년대 중반이 가장 행복한 시기였다는 점은 수치로도 증명된다. 빈부 격차와 소득 불평등을 의미하는 지니계수Gini係數와 행복도는 반비례하는데, 한국의 지니계수(도시의 2인 이상 가구 기준)를 보면 1992년이 가장 낮다. 조사 초창기인 1982년부터 내내 낮아지다가 1992년에 최저점을 찍은 후 고만고만하던 지니계수는 IMF 외환 위기가 닥친 1997년부터 급격히 높아진다. 그리고 다시는 1990년대 수준으로 돌아오지 못한다. 상대적 박탈감, 상대적 불행을 느끼는 이들 또한 그만큼 늘어갔다.

이카루스 세대,
외환 위기로 꺾인 날개

어느 날 내 친구가 사라졌다. 매월 열리는 정기 모임에 나타나지 않았고 삐삐를 쳐도 아무 연락이 없었다. 친구의 소식을 다시 들은 것은 한 달 뒤 친구의 친구를 통해서였다.

친구 아버지는 장갑공장 사장이었다. 작게 시작했지만 자기 특유의 근성으로 공장을 점점 확장해나갔고, 종업원 100여 명에 달하는 생산 규모를 갖춘 공장으로 키워냈다. 말 그대로 맨땅에 헤딩으로 이룬 성취였다. 하지만 1997년 IMF 외환 위기로 그가 이룬 수십 년간의 결실은 불과 몇 달 만에 물거품이 되어버렸다. 나중에 알게 된 소식이지만, 발주한 업체에서 받은 어음은 휴짓조각이 되었고, 신뢰를 최고의 자산으로 여기던 친구

아버지는 공장을 판 돈으로 직원들 밀린 월급을 다 챙겨주고 꽤 긴 칩거에 들어갔다고 했다.

친구의 별명은 오로라 공주였다. 친구는 티 없이 맑고 순진무구하며 세상 물정을 몰랐다. 대학생이 되도록 걸레 한번 안 빨아 보았을 온실 속 화초 같은 그에게 닥친 상황은 감당하기 어려웠을 것 같다. 친구는 얼마 후 학교에 다시 나타났지만 그뿐이었다. 그 이후로 다시는 그를 볼 수 없었다. 친척 집에 갔다는 소리도 들려왔고 몇 년 후에는 결혼해서 남편과 함께 미국으로 갔다는 소식도 들렸다.

X세대에게 직격탄이 된 외환 위기

X세대는 특히 IMF 외환 위기의 직격탄을 맞았다. X세대 절반 이상이 당시 대학생이거나 졸업을 앞두거나 졸업 직후였다. 사회 진출 시기의 이들에게 느닷없이 닥친 외환 위기는 이들의 날개를 꺾어버렸다. 중소기업은 물론 재계 서열 14위의 한보그룹을 포함해 기아, 해태, 한라, 쌍방울그룹 등이 줄줄이 도산하면서 일자리 상당수가 공중 분해되었고 X세대는 그 여파를 고스란히 받았다. 1996년까지만 해도 대학 졸업과 동시에 "항공

모함이 대기하고 있다가 모셔가는" 분위기였지만 1997년부터는 상황이 달라졌다. 취업 문이 좁아지면서 "취집간다"라는 말이 등장했다. 취업이 어려워 "취직 대신 시집간다"라는 표현이었다.

외환 위기는 대한민국 국민 모두에게 씻지 못할 아픔과 상처를 직간접적으로 남겼다. 누군가는 실직했고 그로 인해 누군가는 실직 가장의 자녀가 되었다. 부도 상황에 내몰린 누군가는 극단적 선택을 했고 그로 인해 누군가는 자살 유가족이 되었다. 우리는 모두 그들의 이웃이었다. 펑 하고 터트린 샴페인의 거품이 일순간에 빠지면서 나라 전체가 나락과도 같은 우울과 아픔 속으로 젖어 드는 시간이었다.

그런데 왜 외환 위기가 유독 X세대에게 치명타가 되었다고 할까. 이는 세대론을 보는 방식에 있다. 세대론을 다룰 때 중요하게 보는 연령은 20대다. 그 시기에 우리는 삶의 주도권이 바뀌는 교차로의 한가운데에 선다. 20세 이전 삶의 주도권은 부모와 가정환경이 지배한다면, 20세 이후 삶의 주도권은 개인 각자가 가지게 된다. 20세까지는 '주어지는' 측면이 강하고 그 후로는 '주도하는' 측면이 강하다. 그래서 성인이 되기 전까지는 부모 탓 환경 탓을 해도 용인되고 이해되는 분위기가 있지만, 이후로는 그렇지 않다. 주어진 환경이 마음에 들지 않으면 적극적으로 바꿀 수 있고, 뜻대로 되지 않는다면 방법을 바꾸어서 다시 시도할 수 있다.

삶의 주도권을 스스로 지게 되는 20대. X세대의 20대는 롤러코스터의 시절이었다. 1990년대 초반만 해도 유례없는 고도의 경제성장을 경험하며 긍정과 희망의 분위기가 가득했다. 하지만 1997년 IMF 외환 위기는 이런 핑크빛 기류를 한순간에 거무튀튀한 잿빛으로 바꾸어버렸다.

문화 세대로 거듭난 진짜 이유

이제 X세대에 가장 많이 쏟아지는 의문에 대해 답변할 차례다. 신세대, 신인류로 불리며 화려하게 등장한 X세대. 이들이 기대만큼 멋진 신세계를 열어젖히지 못한 원인은 무엇일까. 맞다. IMF 외환 위기 탓이 가장 크다. 김호기 연세대 사회학과 교수는 X세대를 일컬어 "상처받은 개인주의 세대"라고 표현한다. 메디치미디어의 대안 언론 플랫폼 '피렌체의 식탁'이 진행한 포럼 〈X세대에서 낀낀세대로 40대, 그들은 누구인가〉에서 김호기 교수는 이렇게 말했다.

> X세대는 개인주의라는 새로움으로 무장한 세대임에도 불구하고 우리 사회의 주도적인 세대로 부상하지 못하고 있다. (…) 낀 낀세대는 "상처받은 개인주의 세대"라고 할 수 있다. 그 상처는 이중적이다. 하나는 97년 체제(외환 위기)의 등장으로 인한 경제적 좌절의 상처라면, 다른 하나는 586세대의 장기적 영향력에 따른 사회적 적응의 상처다.

부모 품을 떠나 사회라는 인생 2막의 무대에 올라 가장 열정적으로 활동하기 시작하는 시기. 이 시기에 X세대는 일자리가 대거 사라지는 기회 상실을 경험하면서 위축감을 체화하게 된다. 이 위축감은 각 개인의 자존감을 훼손해버렸다. 당시만 해도 일자리 부족을 사회구조 문제로 바라보는 시각이 적었다. 아무리 노력해도 실현되기 힘든 현실을 뜻하는 '노오력의 배신'이 구조적인 문제라는 공감대를 가지게 된 역사는 10년 남짓에 불과하다. 그 시절 불합격의 고배를 마시게 되는 원인은 일자리 부족이 아니라 '내 탓'으로 돌리는 분위기가 강했다. 누군가는 자신의 의지 부족을, 또 누군가는 능력 부족을 탓했다. 그렇게 자기비하를 곱씹게 되면서 '나를 받아줄 곳은 어디에도 없을지 몰라' 하는 패배 의식이 뿌리 깊이 침투하게 된다.

X세대가 문화 세대의 중심이 된 것도 외환 위기와 무관하지

않다. 기회 부족 상황에서 X세대의 상당수는 비교적 경쟁이 덜 치열한 문화예술 분야로 눈을 돌리게 된다. 자의 반 타의 반으로 문화예술 분야에 진출한 X세대는 아직 영글지 않은 대한민국 문화의 곳곳에서 저변을 다지는 역할을 한다. 이로써 윗세대는 각각 산업화와 민주화를, 아랫세대는 평등화를 가져와 우리 사회를 한 단계 성숙시키는 데 기여했다면 X세대는 문화 저변을 마련한 세대로 우뚝 서게 된다.

조직력을 모아 함께 무언가를 만들어내는 데는 약했지만 각자의 창의력으로 새로운 세상을 열어젖히는 데는 능한 X세대. 이들은 특유의 긍정성과 자유분방함, 개인주의자 첫 세대로서 추구한 나다움과 개성으로 그 누구도 흉내 내지 않는 자기만의 색채를 그려나갔다. 이는 훗날 세계인의 주목을 받는 K-컬처의 기반이 되었다.

난 달라요 VS 다르다가 말았다

개인주의 첫 세대로서 X세대를 다시 들여다보자. X세대는 진정한 개인주의 세대인가? 개인주의자의 성향을 과연 얼마나 체화했을까? 이를 알기 위해서는 먼저 앞세대의 성향을 이해할 필

X

조직력을 모아 함께 무언가를 만들어내는 데는 약했지만

각자의 창의력으로 새로운 세상을 열어젖히는 데는 능한 X세대.

이들은 특유의 긍정성과 자유분방함,

개인주의자 첫 세대로서 추구한 나다움과 개성으로

그 누구도 흉내 내지 않는 자기만의 색채를 그려나갔다.

이는 훗날 세계인의 주목을 받는 K-컬처의 기반이 되었다.

요가 있다. 86세대는 집단주의적 정체성이 강하다. 세상을 바라보는 시선이 이념주의적 잣대에서 벗어나기 힘든 면이 있었다. 86세대의 20대는 반독재 민주화를 위한 투쟁에 사활을 건 시간이었다. 친구를 만나도, 가족들의 대화에서도, 책을 읽어도 반독재 민주화라는 지상 명제의 화두에서 벗어나기 쉽지 않았다. 다 같이 추구해야 할 절대 선善 앞에서는 개인보다 집단의 목표가 우선시되기에 십상이었고, 이를 성취하는 과정에서 개개인의 희생을 당연시하는 분위기도 있었다. 60대 이상의 산업화 세대 역시 '나'가 희미했다. 86세대에게 '우리'가 '동지'의 성격이 강했다면 산업화 세대에게 '우리'는 '가족'의 성격이 강했다. 어려서부터 가난의 경험이 깊었던 산업화 세대에게 중요한 것은 먹고사니즘이었다. 땀 흘려 일하면 보답이 오고 가족을 먹여 살릴 수 있다는 진리는 소박하지만 절대적인 생존 법칙이었다. 이를 위해 성실과 근면이 체화되었고 자아 성취 같은 것은 사치처럼 여겨졌다.

감성과 자율성을 중시하는 X세대는 달랐다. 집단의 목표를 위해 개인의 자유와 행복이 억압당하거나 희생되는 것을 의아해하는 시선이 나타나기 시작했다.

X세대가 개인주의자 첫 세대로 화려하게 등장했지만 진정한 개인주의자 세대라고 단정하기는 힘들 것 같다. 가부장적 교육

의 잔재가 여전해 기성세대의 사고방식으로부터 자유로워지는 데는 한계가 있었기 때문이다. 마치 반인반수처럼, 반은 새로움과 개성을 추구하는 경향이 분명했지만 나머지 절반은 여전히 구태의연한 가부장제적 사고에 매몰되어 있었다. "난 달라요"라며 화려하게 등장했지만 다르다가 만 세대의 쓸쓸한 뒷모습이 보이는 것 같기도 하다. X세대는 개인주의적 성향과 집단주의적 성향이 혼재되어 있다가 카멜레온처럼 상황에 맞게 둘 중 하나의 모습을 꺼내 보이는 세대라고 할 수 있다. 과도기 세대가 겪을 수밖에 없는 운명이다.

개인주의가 체화된 세대는 밀레니얼 세대부터다. 밀레니얼 세대는 첫 민주 시민이라고 볼 수 있다. 국가교육 과정이 추구하는 시민의 인간상은 "자주적이고 창의적이고 교양 있으며 더불어 사는 사람"인데, 이 네 가지 요건을 가진 세대는 누구일까? 대부분의 항목은 한 세대 안에서 개인별 편차가 크지만 네 번째 항목에 확대경을 들이댈 필요가 있다. 더불어 사는 사람, 즉 공존의 가치를 장착한 인류는 누구일까? 아마 밀레니얼 세대부터일 것이다. 이들은 평소에는 각자의 나다움을 추구하면서 개인주의 성향을 보이지만 환경과 공정 등 공존 이슈가 생기면 똘똘 뭉쳐 한목소리를 낸다. X세대는 어떨까? 앞서 언급한 항목 중 세 부문(자주성, 창의성, 교양)에서 확실히 기성세대보다 강하다고 할 수 있다. 하지만 더불어 사는 삶에 대해서는 기성세대와 큰 차이를 보인다고 보기 어렵다.

《나는 시민인가》를 쓴 송호근 포항공대 석좌교수는 전작《그들은 소리 내 울지 않는다》에서 자신이 속한 베이비부머 세대는 시민 의식을 가지지 못했음을 자탄하고 있다. 송호근 교수는 "나는 시민인가, 베이비부머는 시민이 되는 법을 배우지 못했다"라며 이렇게 말한다.

> 우리를 닮아서는 안 된다는 것을 알리고 싶다. 우리는 열심히 일하면 보답이 온다는 것만 믿고 자신과 가족만 챙기면서 앞만 보고 달렸다. 아파트 평수를 늘리는 데만 신경 썼지 사회를 위해서는 별로 한 일이 없다. 나는 시민인가. 그 시대 시민 의식은 교육의 소재가 아니었다. 이웃과 잘 지내는 방법, 사회적 약자 보호, 사회정의, 공익을 위한 자발적 행동 규범 등은 없었다.

X세대 역시 크게 다르지 않다. 다양성을 존중하고 사회적 약자를 보호하며, 환경을 사랑하는 공존의 삶을 장착하고 체화하는 데까지는 나아가지 못했다.

MZ세대에서 읽는 희망

나는 MZ세대에게 희망의 단초를 많이 읽는다. 내가 편집장을 맡은 인터뷰 매거진 《톱클래스》에서는 MZ세대의 트렌드를 많이 다루었는데, 그때마다 이들이 향하는 방향성에서 감동받을 때가 많았다. 공정과 정의, 인권과 다양성에 관심이 많고, 무엇보다 환경과 공존에 대한 시선이 멋졌다. 비거니즘veganism, 요즘 마케팅, 로컬리즘localism, 요즘 소비, 필必환경 등의 스페셜 이슈를 다루면서 느낀 것은 이들의 관심사가 대부분 '옳은 미래'를 향한다는 점이다. 비교급을 뜻하는 '더 나은 미래'에는 입장차가 있을 수 있지만 '옳은 미래'의 모습은 비슷할 것이다. 이들은 기부도 기성세대보다 더 많이 한다. 1인당 기부액 자체가 크지 않지만 기부 인구는 더 많다. 달리기할 때마다, 쓰레기를 버릴 때마다, 심지어 부장님한테 칭찬 들을 때마다 게임처럼 소소한 기부를 하는 앱을 많이 이용하고, 착한 기업에 돈쭐을 내는 태도가 광범위하게 퍼져 있다.

호칭에서도 배울 점이 많다. 이들은 낯선 사람을 대할 때 기본값이 존댓말로 설정되어 있다. 물론 개인차는 있지만 식당에서 종업원에게, 카페나 식당에서 주문할 때 대부분 존댓말을 쓴다. 심지어 친구 사이에서도 존댓말을 사용하는 경우를 종종 보았는데 이는 X세대 이상 기성세대에서는 아주 드문 풍경이다. 그리고 "감사합니다"가 습관처럼 입에 밴 이들이 많아 인상적이었다. 특히 식당에서 메뉴를 하나씩 가져올 때마다 "감사합니다"를 자동 반사처럼 하는 친구들을 여럿 보았다.

다르다는 이유로 차별받지 않는 세상, 각자의 나다움이 존중받는 세상, 지구의 모든 생명이 귀하게 여겨지는 공존의 세상, 그리하여 타인에게 무례한 사람보다 무해한 사람이 점점 더 많아지는 세상…. X세대가 열어젖힌 개인주의자의 바통을 이어받아 시민 의식을 갖춘 진정한 개인주의자들의 세대인 MZ세대. 이들이 만들어가는 옳은 세상을 향해 손뼉 쳐주고 응원해주는 것이 X세대가 해야 할 또 하나의 역할이다.

투명인간 세대,
낀낀세대의 애환

1977년생 한 언론인 후배가 한 맺힌 듯 이렇게 말했다.

"열심히 일하다 보면 돈은 따라오게 되어 있어. 차근차근 모으다 보면 집도 살 수 있고." 선배 세대는 입버릇처럼 이렇게 말했어요. 그 말을 믿었죠. 다들 그래왔으니까요. 그런데 우리가 집을 장만할 시기가 되니 집값이 너무 높아져서 접근조차 불가능한 수준이 되어버렸습니다. 그런데 부동산 정책은 어떤가요? 대부분은 신혼부부나 청년 세대 위주죠. 아파트 이야기만 나오면 우울증에 걸릴 지경이에요. 누군가 한 명이라도 세상이 달라질 수 있다는 것을 이야기해주었으면 이렇게 당혹스럽지는 않을 겁니다.

X세대가 느끼는 당혹감과 상실감은 '이전에는 경험해보지 못한 세상'에서 유래한다. 이들이 30대까지만 해도 이런 당혹감과 상실감은 없었다. 그저 근면 성실한 윗세대의 뒷모습을 좇아가면서 '나도 저렇게 되겠지'라는 막연한 희망을 품었다. 성장과정에서 긍정과 희망의 마인드를 지니게 된 이들은 '혹시'보다 '설마'의 사고가 강하다. '이렇게 열심히 일하는데 40대에 집 한 채 못 사겠어, 설마?' 하는 막연한 긍정. 하지만 설마가 사람 잡는다는 뻔한 속담이 뒤통수를 강하게 내리치는 상황이 되어버렸다. 달라진 세상에서의 부에 대한 법칙을 깨달았을 때는 이미 40대가 된 뒤였다.

모래알 세대는 소리 내어 보채지 않는다

밀레니얼 세대는 달랐다. X세대가 40대에 들어서 느끼는 당혹감과 상실감을 먼발치에서 지켜보면서 이들은 다른 노선을 택한다. 선배 세대처럼 살다가는 나도 저렇게 되겠구나 하는 깨달음의 발로. 고도성장기의 경제 상황, 그리고 금융과 투자에 큰 관심이 없는 시대에서 자라 경제관념이 희박한 X세대와는 달리 밀레니얼 세대의 노선은 뚜렷하다. 지금 이 순간에 충실하자는 욜로족, 그리고 일찍 경제적 독립을 이루어서 나다운 삶을 살고자 하는 파이어족이 출현했다. 어느 쪽이든 자신만의 삶의 방식이 분명하다. 하지만 X세대는 갑자기 바뀐 환경에서 노선을 택할 타이밍을 잃었다. 이도 저도 아닌 어정쩡한 갈림길에 갇혀 있는 형국이다.

미친 집값 운운하지만, X세대가 30대 전후인 2000년대에 전국 아파트 상승 폭이 가장 컸다. 1986년 기준으로 2000년까지 2배 정도 올랐지만 2002년부터 폭등해 10년 후인 2012년에는 4배 이상 올랐다(KB부동산, 〈전국 주택유형별 매매가격지수〉). 1990년대까지는 고만고만하던 상승률이 2000년대 들어 2~3배 뛴 것이다. 40대가 된 X세대가 본격적으로 내 집 장만을 하게 되는 2010년대의 부동산 상승률은 더하다. 2000년대에 운 좋게 내 집 마련에 성공한 X세대는 '휴우' 하고 가슴을 쓸어내렸지만 이 기회를 놓친 40대는 점점 암울해졌다.

그때는 부모 도움 없이 월급만으로는 집 장만이 어려운 분위기가 이미 형성되어 있었다. 접근성이 요원해지는 내 집 장만의 슬픈 꿈은 2000년대에 기회를 놓친 1970년대생에게도 고스란히 해당한다는 이야기다. 하지만 앞서 밝혔듯, 모래알 세대인 X

세대는 자기 자리에서 조용히 탄식할 뿐 힘을 모아 집단적인 목소리를 내지 않는다.

서바이벌 스킬을 체화한 베이비부머

X세대는 위아래로 센 캐릭터 사이에 끼어 있다. 김호기 교수가 1970년대생을 낀낀세대로 명명한 것은 "586세대와 2030 사이에 놓여 앞과 뒤가 모두 막혀 있다"라는 차원에서 붙인 개념이다. 모든 세대는 낀 세대이기 마련이지만 X세대가 낀 세대로서 처한 특수성은 결이 다르다.

먼저 윗세대인 베이비부머 및 86세대(1955~1969년생)부터 보자. 이들은 어려서부터 무한 경쟁에서 살아남기 위해 서바이벌 스킬을 뼛속 깊이 장착하게 되었다. 집안에서는 평균 네다섯 명 정도의 형제자매와 밥그릇을 다투었고, 학교에서는 한 반에 60명 넘는 콩나물시루 같은 교실에서 배웠으며, 교실마저 부족해 오전·오후반 2부제로 다닌 이들도 있었다. 경쟁심은 이들의 경쟁력이었다. 다름보다 나음, 바름보다 빠름이 힘을 가지는 시대였다.

서바이벌 스킬로 다져진 이들의 강인한 생명력은 다른 세대와의 경쟁에서도 유리했다. '하면 된다'의 긍정적 사고와 어려서부터 몸에 밴 근면 성실, 게다가 학생운동을 하면서 다져진 조직력까지 합쳐지면서 조직 내 요직을 차지하거나 유지하는 데에도 능했다. 86세대의 장기 점유는 한국 기업의 성장사와도 맥을 같이한다. 제조업과 금융업 등의 폭발적 성장기에 20~30대를 지닌 86세대는 승진도 빨랐고 유지 기간도 길었다. 86세대가 40대 초반에 오른 차장 자리를 1970년대생은 40대 후반이 되어서야 오르는 추세가 되었다.

2010년대의 저성장 기조, 2020년의 코로나19가 앞당긴 언택트un-tact 산업군으로의 대대적인 판갈이 등으로 기업이 신입사원 채용을 확 줄이면서 조직은 바람직하지 못한 인력 구조를 가지게 된다. 건강한 조직의 형태는 하부가 많은 피라미드형이거나 중간관리자가 많은 항아리형이다. 하지만 금융계와 언론계 등 기존 산업군의 상당수는 50대 이상이 비대하고 신입사원은 적은 깔때기형 조직이 되어갔다. 10년 이상 신입사원을 뽑지 않는 조직이 늘면서 차장이 막내인 금융회사도 있다. 40대 차장이 50대 부장을 위해 복사 심부름을 하는 웃지 못할 풍경이 펼쳐지기도 했다.

이철승 서강대 사회학과 교수는 《불평등의 세대》에서 86세대의 장기 독점에 대해 일침을 가한다. "이들의 독점은 성장하는 경제에서는 문제가 되지 않지만, 성장을 멈춘 경제에서는 제로섬 게임"이라는 지적이다. 그렇다고 이들을 다음 세대에 자리를 물려주지 않는 욕심쟁이 세대라는 시선으로만 보는 시선은 바람직하지 않다. 베이비부머 및 86세대에게 주어진 책임의 무게가 만만치 않았다. 산업화 세대보다는 먹고살 만했으나 여전히 배고픈 세대였고, 가장이 된 후에는 위아래를 부양해야 하는 이중고를 떠안은 슬픈 세대이기도 하다. 위로는 노후 대비가 안 된 부모를, 아래로는 취업이 힘든 밀레니얼 세대를 책임져야 하는 상황이다. 이는 베이비부머의 특수한 상황이다. 급속히 발달한 과학 및 의학 기술로 인해 베이비부머 부모 세대의 평균수명이 확 늘어났지만 인류는 이런 시대를 가본 적이 없다. 노후 준비 안 된 부모 세대에 대한 국가 시스템은 아직 미비한 단계이기에 부모 부양에 대한 책임은 베이비부머 세대가 떠안을 수밖에 없는 부분이 크다.

베이비부머로서는 일면 서글프다. 하고 싶은 것 꾹 참으며 가족을 위해 몸 바쳐 일했는데 퇴직 이후에도 마음 편히 쉴 수 없게 되었다. 게다가 제대로 놀아보지를 못해 스스로 무엇을 좋아하는지도 알지 못한다. 그저 이따금 산에 오르고, 무언가를 열심히 만들고, 텃밭을 가꾸면서 평생 몸에 밴 근면 성실의 관성을 그렇게 해소할 뿐이다.

세대의 묶음으로 보자면 베이비부머는 부와 명예를 깔고 앉은 욕심쟁이 세대로서 송호근 교수가 《그들은 소리 내 울지 않는다》에서 말한 대로 "부동산 버블, 사교육 과열, 세대 갈등 등 사회구조적 문제를 야기한 주체"이기는 하다. 하지만 베이비부머 개별적 인간 한 명 한 명을 떼어놓고 보면 다른 얼굴이 보인다. 어떻게든 가족을 위해 책임과 의무를 다하기 위해 새벽같이 집을 나서던 가장, 가정보다 회사가 우선이라 집에서도 환영받지 못한 딜레마의 주인공, 가족을 돌보느라 정작 자신의 내면은 돌보지 못해 공허한 한 인간, 사회적 성취는 이루었으나 인생 성공을 이루었다고는 보기 어려운 여정, 나이 들어서도 여전한 부양의 무게에 짓눌려 축 처진 어깨….

사이다 세대인 밀레니얼

그렇다면 X세대 아래 세대인 밀레니얼 세대는 어떨까. 밀레니얼 세대는 사이다 세대다. 하고 싶은 말이 있으면 속 시원히 하는 것이 어려서부터 체화되어 있었다. 이들의 중심은 철저히 '나'에 있다. 자기소개서 세대인 이들은 일찌감치 내가 무엇을 좋아하고 잘하는지, 또 되고 싶은 것을 이루기 위해 어떤 노력을 해야 하는지의 질문을 끊임없이 강요받아왔다. 이런 제도적 자아 탐색은 중학교 진로 과목부터 시작해 고등학교와 대학교 진학을 위한 자기소개서에서 열매를 맺는다. 열매를 맺기까지 무수한 마음 탐색과 글쓰기, 다양한 창의적 체험 등을 거치게 된다.

꿈을 강요받는 시대의 장단점은 분명하지만, 어찌 되었든 이들은 중학교부터, 빠르면 초등학교부터 꽤 구체적인 꿈의 지도를 그려나간다. 운동선수, 발레리나, 선생님같이 막연한 꿈에서 한발 더 나아가 그 꿈을 이루기 위해 한 단계 한 단계 토대를 다져나간다. 자신의 마음을 끊임없이 들여다보면서 '너 이거 진짜 좋아하는 거 맞아?' '이거 말고 다른 것은 없을까?' '이게 되려면 지금 무엇을 해야 하지?'를 계속 자문자답하면서 자라게 된다.

그래서 이들은 어떤 면에서 선배 세대보다 조숙하다. 인생의 파도에 휩쓸리는 삶이 아니라 파도를 지배하는 삶을 사는 이들이 이전 세대에 비해 확 늘었다. 삶을 대하는 태도도 능동적이다. 퇴사율이 높은 것도 이와 무관하지 않다. 중학교 때부터 10년 넘게 내가 하고 싶은 일에 대해 탐색해왔건만 첫 직장에서 하게 될 일은 꿈꾸는 일이 아닐 확률이 매우 높다. 그러다 보니 '내가 고작 이런 일을 하자고 그렇게 피 터지게 공부했나' 하는 자괴감이 든다.

X세대만 해도 소위 SK 세대다. SKSK, 즉 '시키면 시키는 대

로 했다. 상사의 말은 곧 내가 할 일이었으며 지시는 곧 회사의 법이었다. "그것을 왜…"라고 토라도 달았다가는 두 눈을 부릅뜨고 허리춤에 양손을 댄 베이비부머 상사가 "시키면 시키는 대로 하지 말이 많아!"라며 역정을 내기 일쑤였다. X세대는 자유분방한 사고방식을 지녔으나 조직 내에서는 윗세대에서 보고 배운 방식에서 크게 벗어나지 못한 채 답습하는 수준에 머물렀다.

하지만 밀레니얼 세대는 납득 세대다. 일을 하면서 이 일을 왜 해야 하는지, 전체 일의 프로세스에서 어떤 의미가 있는지 이해되어야 비로소 하는 경향이 강하다. 자칫 비효율적인 방식으로 지시했다가는 "선배님, 요즘은요~" 하면서 효율적인 일 처리를 돕는 생산성 도구나 앱 등을 소개해줄지 모른다.

프로 야근러들, 점심 사역 마지막 세대

위로는 서바이벌 스킬이 장착된 베이비부머, 아래로는 사이다 세대인 밀레니얼 세대에 끼어 있는 X세대. 이들은 양쪽에서 총알받이 역할을 해야 했다. 센 캐릭터인 두 세대가 충돌이라도 하면 뒷수습은 이들의 몫이었다. 범퍼 세대이자 스폰지 세대라고 할 만하다. 게다가 1970년대생은 사라져가는 야근을 혼자 감당해야 하는 프로 야근러들이다. 2000년대만 해도 선배나 직장 상사보다 먼저 퇴근하는 것은 바람직하지 않다는 분위기가 암암리에 있었다. 칼퇴는 사치였다. 그 시대 드라마에는 퇴근 시간이 되면 상사 눈치만 보다가 상사가 먼저 나가자마자 우르르 사라지는 장면이 흔했다. 하지만 이제는 사라진 풍경이다.

사생활의 귀재들인 밀레니얼 세대에게 퇴근 후 저녁이 있는 삶은 당연히 누려야 하는 권리다. 그렇다 보니 그날 꼭 해야 하는 일이 있으면 야근은 1970년대생 차지일 경우가 많다. '밀레니얼 세대를 설득하느니 차라리 내가 하고 말지'의 심리도 있다. 10년 전, 상사의 퇴근을 기다리며 가장 늦게 퇴근했던 X세대는 상사가 된 후에도 가장 늦게 퇴근하는 비운의 세대다. 20대부터 시작한 야근 인생은 40대가 되어서도 이어지면서 역사상 야근을 가장 긴 세월 동안 한 세대로 남게 되었다.

낀 세대 팀장의 비애는 여기에서 끝나지 않는다. X세대는 점심 사역의 마지막 세대다. 나의 직장 생활 초창기인 20년 전만 해도 점심 약속을 잡을 때 상사 눈치를 살피는 분위기였다. 상사가 점심 약속이 없어야 안심하고 다른 약속을 잡을 수 있었다. 혹여 다른 약속을 잡았다가 뒤늦게 상사가 아무런 약속이 없다는 것을 알면 취소해야 하나 전전긍긍했다. 상사가 외롭게 혼자서 점심을 드시는 일이 없도록 챙기는 일은 회사 업무 중 하나였다. 다시 말해, 상사는 '모셔야 하는' 대상이었다. 하지만 밀레니얼 세대부터는 다르다. 점심 약속을 정할 때 상사 눈치를 살피는 직원은 거의 없고, 있더라도 그런 직원을 향해서는 오버한다는 시선을 보낸다. 상사는 상사, 나는 나라는 인식이 강하다. 이들에게 점심시간은, 작고 소중한 월급을 하사하는 회사에서 내가 자유로이 활용할 수 있는 시간의 영역이다. 간단히 샌드위치를 먹고 혼자만의 시간을 보내기도 하고 필라테스나 요가 등 운동을 하기도 하며 어학 공부 등 자기계발을 하는 경우도 흔하다. 이들에게 점심시간은 휴가 시간만큼 사적인 영역에 속한다. 휴가계를 내는 직원에게 "휴가 중에 뭐해?"라고 물으면 안 되는 것처럼, 점심시간에도 누구랑 먹는지 무엇을 하는지 묻는 것은 금기에 가깝다.

호칭 면에서도 X세대는 끼어 있다. 이들은 '님만 남은' 부장 세대다. 대기업을 중심으로 직급 호칭을 없애는 문화가 광범위하게 퍼지면서 속앓이하는 1970년대생이 많다. 이들이 회사에 입사할 때만 해도 연공서열이 강했다. 곰이 쑥과 마늘만 먹으며 삼칠일 동안 도 닦는 심정으로 평사원 시기를 잘 보내면 대리로 승진하고, 과장, 차장, 부장 등 차근차근 승진이 기다리고 있었다. 승진과 함께 달라지는 호칭은 직장에서 일종의 훈장이었고, 나는 언제 부장님 되나 하는 기다림과 기대도 있었다. 하지만

2010년대 이후로 직급이 사라지고 있다. 물론 이유는 납득이 된다. 수평적이고 원활한 소통을 위해서라는 이유다. S사에 다니는 1976년생 최 모 부장의 말을 들어보자.

> 호칭 면에서도 X세대는 희생양이 되고 있어요. 저희가 평사원, 대리, 과장일 때에는 깎듯이 "부장님, 차장님" 하고 불러드렸는데, 막상 저희가 부장 되고 차장 되자 직급을 뗀 호칭을 사용하라고 합니다. 열 살 아래의 후배 직원이 "○○ 님" 하고 이름을 부르는데… 내색은 안 하지만 묘하게 억울합니다. 솔직히 '왜 하필 우리 세대부터' 하는 생각도 들어요.

직장 내 괴롭힘 방지법의 이면

세상이 급변해 그때는 당연했지만 지금은 달라진 것이 많다. 낀 세대로서 X세대가 겪는 특수성은 여기에서 연유한다. 모든 낀 세대는 힘들기 마련이지만 X세대가 40대가 된 2010년대 대한민국은 전무후무한 인식의 대전환기라고 할 수 있다. 앞서 언급한 사내 문화의 크고 작은 변화도 그렇거니와 더 큰 사안이 있다. 바로 직장 내 괴롭힘 문제다.

×

나이와 연륜이 더 이상 갑의 지위를
보장해주지 않는 시대의 첫 무대.

윗세대의 모욕적 언사를 온몸으로 받아내야 했으나
내가 윗세대가 된 후에는 하고 싶은 말을 속 시원히 하는
사이다 세대를 아랫세대로 맞닥뜨린 세대.
그래서 또 참아내야 하는 세대.

2019년부터 시행된 직장 내 괴롭힘 금지법은 선진사회로 가기 위해 필요한 법안이다. 지위나 관계상 우위를 이용해 신체적·정신적 고통을 주거나 근무 환경을 악화시키는 행위를 금지하는 이 법안은 우리 사회의 시민 의식을 한 차원 높이는 데 기여할 것이 분명하다. 하지만 세상은 한순간에 바뀌지 않는다는 점에서 잠깐 멈추어 서서 생각해볼 필요가 있다. 이 법안으로 인해 누군가는 구원을 받고 반대로 누군가는 처벌을 받기 마련일 텐데, 소위 갑질 금지법으로 불리는 이 법안 때문에 X세대는 무조건 찬성만 할 수 없는 애매한 처지에 놓여 있다.

이들이 직장 내 괴롭힘을 당할 때는 이런 법안이 없었다. X세대의 상사인 베이비부머 세대에게서 온갖 막말을 듣거나 부당한 대우를 받아도 그저 SKSK(시키면 시키는 대로) 덕목을 미덕으로 삼으며 묵묵히 참아내야 했다. 물론 방법이 없었던 것은 아니다. 노동위원회나 노무법인 등에 신고하는 방법이 있다. 하지만 직장 내 괴롭힘이라는 이유로 신고와 소송 등을 해나가는 과정은 여간 어렵고 괴로운 일이 아니었다.

무엇보다 직장 내 괴롭힘에 대한 사회 인식이 미미했다. 회사에서 부당한 처사나 갑질로 인한 스트레스를 받아도 호소할 곳이 마땅치 않았고, 호소한다고 해도 가해자의 문제가 아니라 피해자의 문제로 여겨지는 분위기였다. "원래 회사는 그런 곳" 혹은 “다 그러면서 배우는 거지” “예민하고 별나다” 식의 반응이 많았다. 참는 것이 미덕이었고 참다 참다 정식으로 항의라도 하면 회사는 상사 편일 때가 많았다. 인사에서 불이익당하는 쪽은 하극상으로 낙인찍힌 ‘을’ 쪽이었다. 이중 삼중으로 상처받고 조용히 회사를 떠나는 을들이 많았다. 이런 사회적 환경에서 X세대는 사내 갑질을 온몸으로 받아내야 했다. 욕받이가 되는 경우도 허다했고 다수 앞에서 본보기로 혼나는 경우도 많았다. 그 호통의 분위기 안에는 “너희도 내 말 잘 듣지 않으면 이렇게 돼”라는 암묵적 위협이 있었다. 그리고 무엇보다 이런 분위기가 아주 자연스러웠다. 막말하는 직장 상사가 없는 조직을 찾아보기 힘들었다고 하면 과장일까.

하지만 분위기가 바뀌었다. 앞서 말한 직장 내 괴롭힘 방지법 등장이 큰 계기가 되었고, 1인 1 스마트폰 시대도 한몫한다. 을들이 언제 어디서 녹음 버튼을 누를지, 녹화를 하고 있을지 모르고, 사방팔방에 달린 CCTV가 모든 상황을 지켜보고 있을지도 모른다. 만인에 의한, 만인의 감시 사회에서는 을에게 유리한 측면이 있다. 누군가 나의 말과 행동을 녹화·녹음하고 있을지 모른다는 시선은 자신을 스스로 검열하게 하며 타인을 함부로 대하지 못하게 한다.

X세대는 재편되는 사내 문화의 과도기 한복판에 서 있다. 윗

세대의 갑질이 자연스러웠던 시대를 지나 나이와 연륜이 더 이상 갑의 지위를 보장해주지 않는 시대의 첫 무대. 윗세대의 모욕적 언사를 온몸으로 받아내야 했으나 내가 윗세대가 된 후에는 하고 싶은 말을 속 시원히 하는 사이다 세대를 아랫세대로 맞닥뜨린 세대. 그래서 또 참아내야 하는 세대. 윗세대를 대접해주었으나 막상 내가 윗세대가 되니 온갖 대접이 사라진 첫 세대. X세대는 가보지 않은 세계의 미아가 된 기분이다. 보고 배운 대로의 리더십이 통하지 않는 첫 시대를 맞은 X세대는 혼란스러울 수밖에 없다. 이 세대에 필요한 리더십은 어떠해야 할까? 이에 대해서는 4장에서 다루기로 한다.

2장

저평가 우량주 X세대

문화 개척자 세대,
K-컬처를 다지다

보이그룹 BTS와 넷플릭스 드라마 〈오징어 게임〉 〈지옥〉은 전 세계가 열광한 한국 콘텐츠다. BTS는 세계 팝 역사를 새로 써나가면서 글로벌 인기 그룹의 위상을 지키고 있고 〈오징어 게임〉은 전 세계 모든 국가에서 흥행 1위를 차지하면서 넷플릭스 사상 최고 인기작으로 부상했다. 뒤이어 선보인 〈지옥〉 역시 흥행 돌풍을 이어가면서 K-콘텐츠의 저력을 보여주었다. 덕분에 세계 곳곳에서 〈오징어 게임〉에 등장한 한국의 놀이 문화가 들불 번지듯 퍼졌다. 미국의 한 대학에서는 '무궁화 꽃이 피었습니다'가 스피커에서 울려 퍼지자 다 같이 '얼음'처럼 멈추어 섰고, 프랑스 파리에 들어선 〈오징어 게임〉 체험관에 입장하기 위해 반

나절 이상 줄을 서기도 했다. 설탕과 소다의 궁합으로 탄생한 '달고나'가 세계인의 간식이 되고, 세모와 네모와 동그라미를 흙바닥에 그려놓고 하는 오징어 게임의 방식을 궁금해한다.

이런 한국 문화의 저력을 외국 언론에서도 본격 조명했다. 2021년 10월 15일, 영국의 공영방송사 BBC는 한국의 주력 수출 상품으로 문화를 언급했다. BBC는 〈오징어 게임: 한국 드라마 중독의 증가〉라는 제목의 기사에서 "BTS, 블랙핑크는 음악계에서 누구나 아는 이름이 되었고 〈기생충〉과 〈미나리〉는 오스카를 거머쥐며 할리우드를 뒤집어놓았다"라며 "〈오징어 게임〉의 인기는 수년 동안 서구에 퍼진 한국 문화의 가장 최신 물결"이라고 언급했다. 11월 3일 미국 일간지 《뉴욕타임스》는 〈BTS부터 '오징어 게임'까지… 한국은 어떻게 문화계 거물이 되었나〉라는 기사에서 한국 문화가 세계적으로 성장한 비결을 분석했다. "블랙핑크 같은 케이팝 스타나 드라마 〈오징어 게임〉, 영화 〈기생충〉 등이 세계 어디에나 존재하게 되었다"라면서 그 비결로 "한국 감독들은 수년간 할리우드를 비롯한 엔터테인먼트 산업에 대해 연구했다… 이에 한국의 독자적인 감각을 추가했다"라고 했다.

변방의 조용한 나라였던 대한민국을 전 세계가 주목하게 한 것은 정치도 경제도 아니었다. 삼성과 현대로 대표되는 제조업 기반 대기업도, 4차 산업으로 상징되는 IT 기술도 아니었다. 바로 문화의 힘이었다. 네트워크 시대, 한국 드라마와 음악, 게임과 스토리 같은 문화 자본이 글로벌 시장에서 지니는 힘은 어마어마하다. 경제가치로 보자면 126조 원대의 가치를 지녀서 대한민국을 먹여 살린다는 반도체 시장의 규모(129조 원)를 넘보고 있다(2020년 연매출 기준). 일자리 창출 효과까지 감안한다면 문화 자본의 힘은 더욱 크다.

선진국으로 이끈 K-컬처

학창 시절, 영어를 매일 배우면서 일면 억울했던 기억이 난다. 이렇게 많은 시간을 투여해도 모국어처럼은 할 수 없는 영어를 계속 공부해야 한다니… 기회비용이 아까웠다. '미국이나 영국에 태어난 사람들은 좋겠다'라는 생각을 자주 했다. '내가 만약 영어권 국가에서 나고 자랐다면, 영어 공부를 하지 않아도 되는 매일의 한두 시간 동안 무엇을 할까?'라는 비현실적 상상을 한 적도 있다.

그런 의문을 제기할 때마다 선생님들은 종종 말했다. "언어는 국력"이라고. 외국인이 한국어를 하게 만들려면 우리가 힘을 키우면 된다고. 외국인들이 한국어를 구사하게 한다니… 당시 만 해도 상상조차 안 되는 미래였다. 그 불가능해 보이는 미래가 지금 우리 눈앞에 거짓말처럼 펼쳐지고 있다. 예능 프로그램에서는 한국에 온 지 얼마 안 된 외국인들이 한국어를 능수능란하게 구사하고 KBS 〈우리말겨루기〉에서는 외국인들이 한글 퀴즈 대회를 벌인다. 사이시옷의 문법적 쓰임을 한국어로 또박또박 말하고 우리 속담을 줄줄 꿴다. 그 장면을 보는 순간 가슴이 벅차올랐다. '이런 날이 오다니!' 싶어 감격스러웠다.

국력을 한 차원 높인 K-콘텐츠의 힘. 이 기적을 가능하게 한 주역이 바로 X세대다. BTS를 만든 방시혁 의장, 〈오징어 게임〉을 만든 황동혁 감독, 〈지옥〉을 만든 연상호 감독 모두 X세대다. 케이팝 유행의 도화선으로 평가되는 노래 〈강남스타일〉의 주역인 싸이 역시 X세대다. 오스카상을 수상한 영화 〈기생충〉을 만든 봉준호 감독은 1969년생으로, X세대와 붙어 있다. 전 세계로 퍼져나간 케이팝 열풍을 주도한 이들도 마찬가지다. 서태지와 아이들의 전 멤버이자 YG 엔터테인먼트의 수장인 양현석, 1990년대 중반에 개성 강한 가수로 등장해 JYP 엔터테인먼트를 세운 박진영, 실력파 아티스트의 산실로 거론되는 안테나의 수장 유희열 역시 X세대다. 대한민국 작사가 중에서 가장 인지도 높은 김이나, 작곡가 조영수 역시 X세대다.

문화계를 점유한 X세대

앞에 언급한 X세대의 활약은 새 발의 피에 불과하다. 대한민국 대중문화는 거의 X세대가 움직이고 있다고 해도 과언이 아니다. 대중문화는 말할 것도 없고 드라마, 영화, 뮤지컬, MC, 코미디언, 배우, 가수, 클래식 스타 등 우리가 범박하게 문화와 예술이라고 부르는 분야의 상당 부분은 X세대가 토대를 닦아왔다.

재미있는 점은 20년 전부터 꾸준히 닦아온 그 문화적 토대가 여전히 현재진행형이라는 것이다. 이 책을 쓰면서 분야별로 활약하는 X세대를 찾다가 적잖이 놀랐다. 이들이 문화적 기틀을 다졌다는 것은 진즉 알고 있었지만 X세대의 힘은 예상보다 훨씬 셌다. 음악과 영화, 방송계를 중심으로 막강한 영향력을 행사하면서 대한민국 문화의 기틀을 만들어가는 형국이다.

분야별로 살펴보자. 넷플릭스를 주름잡은 한국 드라마가 〈오징어 게임〉 말고도 더 있다. 김은희 작가의 〈킹덤〉. 이 작품 역시 전 세계의 시청자들을 사로잡으면서 많은 국가에서 흥행 1~2위를 차지했다. 〈킹덤 2〉 이후 1년 4개월 만에 선보인 〈킹덤: 아신전〉 역시 상당수 국가에서 흥행 1위를 차지하면서 '한국적인 것이 세계적인 것'임을 증명해 보였다. 〈킹덤〉의 각본가 김은희 작가, 메가폰을 잡은 김성훈 감독 둘 다 X세대다. 주연을 맡은 전지현도 X세대다.

PD 분야는 또 어떤가. 대한민국 예능의 새 지평을 열었다고 할 때 보통 예능 PD 두 명이 거론된다. 나영석 PD와 김태호 PD. 나영석 PD는 〈꽃보다 할배〉 〈삼시세끼〉 〈윤식당〉 등으로 친근하면서도 진부하지 않은 예능을 선보였고, 김태호 PD는 〈무한도전〉 〈놀면 뭐하니〉 등으로 깨달음과 감동, 재미를 주는 예능을 선사했다. 둘은 각각 1976년, 1975년생이다.

이들과 떼려야 뗄 수 없는 MC도 빼놓을 수 없다. 십수 년 전부터 시청자들의 꾸준한 사랑을 받아온 스타 MC 유재석, 강호동, 박명수, 김성주, 전현무 등은 모두 X세대다. 이들의 진행 방식은 윗세대와 다르다. 윗세대 MC는 정제되어 있고 다소 엄숙한 앵커의 이미지가 강했다면 X세대 MC들은 진행을 놀이처럼 즐겼다. 이들은 시청자들의 눈높이에서, 아니 오히려 시청자의 눈높이보다 아래에서 시청자들을 올려다보면서 진행한다. 재미를 위해 기꺼이 자신이 망가지는 것도 마다하지 않는다. 친근한 친구 같은 MC. 최근 대세인 '친근한 스타'로서의 이미지를 X세대 MC들은 진즉부터 가지고 있었다.

뮤지컬과 미술계도 그렇다. 1세대 뮤지컬 음악감독으로서 대한민국 뮤지컬 역사를 새로 쓰고 있는 김문정 감독도 X세대이고, 최근 들어 세계적으로 주목을 받는 미술 시장의 새로운 조류를 만들고 이끌고 있는 주역 또한 X세대다. 한국국제아트페어 키아프KIAF의 전시기획팀장인 김동현 팀장을 비롯해 한국을 대표하는 화랑의 상당수는 X세대가 이끌고 있다. 브라운관으로 넘어가보면 더 놀랍다. 1990년대부터 주연급으로 활약하던 X세대 스타 중 20여 년이 지난 지금까지도 전성기를 구가하는 이들이 적지 않다. 김혜수, 전도연, 이영애, 송윤아, 김선아, 이정재, 정우성, 이병헌 등이 대표적이다.

X세대의 활약이 가장 두드러지는 직군은 영화감독이다. 한국 영화는 2010년대에 들어서 괄목할 만한 성장을 이룬다. 관객도 놀라울 정도로 많이 늘어서 2000년대까지만 해도 한 해에 한 작품 이상 나오기 힘들었던 천만 관객 영화가 2010년대에는 한 해에 두세 작품씩 탄생했다. 국내 천만 관객을 동원한 영화 27개 작품 중 무려 19개가 한국 영화라는 점은 매우 의미 있다. 그 19개 중 15개가 2010년대에 선보인 영화인데, 이 15개 영화 대부분을 X세대 감독이 맡았다. 최동훈(〈도둑들〉 〈암살〉), 이환경(〈7번방의 선물〉), 류승완(〈베테랑〉), 연상호(〈부산행〉), 장훈(〈택시운전사〉), 김용화(〈신과 함께 1: 죄와 벌〉 〈신과 함께 2: 인과 연〉) 감독 모두 X세대다. 다른 세대로 분류된 천만 관객 감독들 역시 X세대와 멀지 않다. 봉준호(〈기생충〉), 양우석(〈변호인〉), 김한민(〈명량〉), 윤제균(〈국제시장〉) 감독은 모두 X세대로 분류된 나이

보다 한 살 위인 1969년생이고, 이병헌(〈극한직업〉) 감독은 X세대 나이보다 한 살 아래인 1980년생이다. 세대론이라는 것은 무 자르듯 경계 짓기 어려우며 경계 집단에서는 양 세대의 성격이 혼재된다는 점을 감안하면, 1969년생 및 1980년생 감독들 역시 X세대의 성격을 상당 부분 지녔다고 보는 것이 맞다. 한 살 위아래까지 X세대의 속성을 지녔다고 한다면, 천만 관객 영화 15개 중 13개의 영화를 X세대가 만들었다는 통계가 나온다.

나다움과 개성의 힘

X세대 등장 이전까지 세대 구분은 주로 정치와 경제 차원에서 규정되었지만 X세대의 명명 방식은 문화적 속성이 강하다. 문화와 예술의 본질은 창조다. 기존 것을 파괴해야 새로운 것을 창조할 수 있다는 점에서 집단주의적 서사보다 개인주의적 특성을 강하게 내포할 수밖에 없다. 개성과 나다움을 지닌 X세대가 문화 영역에서 두각을 드러내는 것은 자연스러운 귀결이었다.

문화를 이끄는 이들은 그 누구도 흉내 내지 않고 자신의 목소리에 집중해 새로운 세계를 창조해냈다. 방시혁 의장이 대표적이다. 그의 성공 방정식은 바로 '나다움'에서 온다. 아이돌 하면 어떤 이미지가 떠오르는지? 붕어빵처럼 천편일률적인 군무, 멤버의 빈자리에 다른 누가 서도 그다지 어색하지 않을 대타성 등이 대표적 이미지일 것이다. 하지만 BTS는 달랐다. 방시혁 의장이 강조한 것은 "너의 이야기를 하라"였다. 리더 RM은 RM의 이야기를, 지민, 정국, 진, 뷔, 제이홉, 슈가 등도 각자 자기만의 이야기를 했다. 그룹의 부속품이 아니라 각 멤버 고유의 삶의 스토리가 녹아 꿈틀거리는 단 하나의 이야기. 그리고 그들은 다른 스타와는 다른 길을 걸었다. 무대 위와 무대 밖이 그다지 다르지 않은 삶, 소소한 일상의 희로애락을 공유하면서 때로는 다투고 화해하는 인간적인 이야기를 톡 까놓고 공유했다. 그 누구와도 닮지 않았지만, 그 누구보다 특별하게 느껴지는 그들의 이야기는 글로벌한 공감대를 얻어냈다.

문화는 조용히 힘이 세다. 누군가가 강요하지 않아도 좋아하게 되고 따라 하게 되고 동경하게 된다. 그리고 그 지속력은 뭉근히 오래간다. 우리는 익히 알고 있다. 10대 때 접한 노래의 감성, 그때 즐겨보던 영화들, 20대에 접한 패션 감성이 나이가 들어서도 어디 가지 않고 각자의 세포 어딘가에 스며들어 평생 영향을 끼친다는 것을. 그리고 그 영향력은 당대에 끝나지 않는다. 엄마·아빠가 좋아하던 노래와 영화를 아이들이 함께 보고, 그 아이들이 어른이 되면 자신의 아이들에게 그 감성을 전한다.

×

문화는 조용히 힘이 세다.

누군가가 강요하지 않아도 좋아하게 되고

따라 하게 되고 동경하게 된다.

그리고 그 지속력은 뭉근히 오래간다.

우리는 익히 알고 있다.

10대 때 접한 노래의 감성, 그때 즐겨보던 영화들,

20대에 접한 패션 감성이 나이가 들어서도 어디 가지 않고

각자의 세포 어딘가에 스며들어 평생 영향을 끼친다는 것을.

패닉과 전람회의 정서

그렇다면 X세대만의 정서는 무엇일까. 밀리언셀러 음반이 잇달아 탄생하고 거리마다 소위 길보드가 울려 퍼지던 1990년대의 대중음악을 보면 실마리가 보인다. 혜성처럼 등장한 가수가 많았는데 그들 각자는 그 누구와도 닮지 않았으며 음악적 색채도 다양했다. 신승훈과 김건모, 이소라와 조성모로 대표되는 솔로 발라드 가수는 이전에는 없던 감성을 어필했다. 1990년대 노래들은 개성이 뚜렷했다. 서정적인 아름다움이 뚝뚝 묻어나면서도 저마다의 스토리가 분명해 가사에 집중하게 하는 힘이 있었다. 그래서 두고두고 들어도 질리지 않는 명곡이 많다. 그룹 뱅크의 〈가질 수 없는 너〉는 유튜브 조회 수가 무려 2441만 회에 달한다(2022년 3월 중순 기준).

김동률로 대표되는 그룹 '전람회'나 이적과 김진표의 2인조 그룹 '패닉'은 그야말로 미지수 X 같은 그룹이었다. 어떤 음악가와도 겹치지 않는 색채를 가진 이들은 세련되면서도 지적이고, 자아를 노래하되 과잉되지 않는 감성을 지녔다. 품격 있는 음유시인의 음악을 구현해내면서 한국 대중가요의 수준을 한 차원 끌어올렸다는 평을 듣는다. 전람회의 〈취중진담〉은 취중의 고백이지만 질퍽거리지도 지질하지도 않았고, 〈기억의 습작〉은 어설프고 풋풋했던 시절의 첫사랑이지만 기억하는 방식에 기품이 있었다.

패닉의 등장은 거의 패닉에 가까웠다. '천재 뮤지션'이라는 수식어가 과하지 않은 이적은 한 발 멀리서 인생을 관조하는 시인의 시선으로 노래를 만들고 직접 불렀다. 그의 노래는 가사에 귀를 기울이게 한다. 그리움의 정서를 신화적 영역으로 확장해서 표현한 〈하늘을 달리다〉의 발상도 놀랍고, 풀이나 땅에 붙어 느릿하게 기어다니는 달팽이를 보면서 바다의 꿈을 떠올린 〈달팽이〉도 소름 끼칠 만큼 신선하다. 〈내 낡은 서랍 속의 바다〉는 제목만으로도 말 다했다. 이적의 시적 상상력이 가진 스케일은 기존 한국 가수들의 그것과 달랐다. 모든 곡에 열정이 가득했지만 그 지극히 사적인 열정은 보편적인 열정으로 포개졌다. 생로병사에 대한 허무와 인생에 대한 통찰이 담겨 있는 그의 노래는 대중음악이 얼마나 고급스러울 수 있는지를 증명해 보였다.

'자우림' 김윤아는 또 어떤가. 어려서부터 클래식을 위주로 듣고 독서량이 풍부한 그의 음악 세계는 반경이 넓다. 〈매직 카펫 라이드〉같이 방방 뛰는 노래는 낯선 홀림을 선사하고, 〈낙화〉는 한국 민요의 세련된 승화를, 〈사랑, 지나고 나면 아무것도 아닌 마음의 사치〉는 허무한 재즈풍으로 가요라는 장르의 확장성을 보여주었다. 하나같이 우아하면서도 생경한 선율은 김윤아에 의한, 김윤아만의 것이다.

1990년대 초반을 강타한 〈담다디〉의 이상은도 빼놓을 수 없다. 이상은의 행보는 여러모로 서태지와 닮았다. 개성 강한 음악과 그만큼 파격적인 패션, 실력파 싱어송라이터라는 점도 그러하며, 음반마다 색채가 판이하면서도 하나같이 '이상은스러움'을 놓치지 않은 점도 그렇다. 두고두고 회자되는 명곡인 〈공무도하가〉는 "〈담다디〉 그 가수 맞아?" 싶을 정도로 음악적 세계가 다르다.

그 외에도 1990년대 가수 중에는 음색이 독특한 이들이 많다. MBC 〈복면가왕〉에 출연하면 첫 소절에 들킬 가수들이 수두룩하다. 앞서 언급한 이적, 김동률, 김윤아, 이소라도 그렇고, 나이로는 X세대보다 몇 년 앞서 있지만 1990년대 가요계 르네상스의 한 축을 담당한 김건모, 신승훈, 이승환, 윤종신, 윤상 등도 그렇다. 개성이 흘러넘쳤고 누구를 흉내 내려 하지도 않았다. '나는 나'라는 평범한 진리를 뼛속 깊이 장착하고 노래하는 듯했다.

노래방과 락카페, DDR과 펌프

이런 시류에서 음악은 곧 삶의 일부였다. 단순히 감상을 넘어

전 국민이 노래하고 춤추는 분위기가 광범위하게 퍼져나갔다. 노래방(노래연습장)과 락카페, DDRDance Dance Revolution과 펌프도 이 시기에 등장했다. 노래방은 1990년대 초반에 등장해 지금까지 유행을 이어가고 있고, 테이블 옆에서 자유롭게 음악에 몸을 맡기면서 춤추던 공간인 락카페는 1990년대 초중반에 반짝 유행하다 자취를 감추었다. DDR과 펌프는 오락실에서 최고의 인기 게임기였다. 박자에 맞추어서 발로 화살표를 터치하는 이 게임에서는 오락실마다 DDR의 전설이 탄생하곤 했다. 하지만 이들 역시 2000년대 초반까지 유행하다 사라졌다.

그때는 그랬다. 노래를 잘하지 못하는 사람도 수시로 노래방을 들락거렸고 춤을 잘 못 추는 사람도 락카페나 오락실의 DDR 게임에 몸을 맡겼다. 나와 친구들은 공강 시간을 이용해 대학교 앞 단골 노래방을 다녔다. 느닷없는 이별을 맞은 후에는 녹색지대의 〈준비 없는 이별〉을 불렀고, 엇갈린 인연이 애석할 때는 주영훈의 〈젊은 날의 초상〉을 불렀으며, 이루어지지 않은 누군가와의 인연을 생각하며 장혜진의 〈1994년, 어느 늦은 밤〉을 나지막이 읊조렸다.

내 노래뿐 아니라 친구들이 선곡한 어떤 노래든 웬만하면 가사를 다 외우고 있었으나 우리 각자는 18번 곡이 단 한 곡도 겹치지 않았다. 수업 시간이 가까울수록 '전주 제거, 1절만, 빠른 속도로' 버전으로 허둥대며 불렀는데, 한번은 노래방 책을 들고 나온 적도 있다. 학교 파일과 뒤바뀐 것이다. 두께며 색깔, 질감과 무게까지 비슷해 생긴 웃지 못할 에피소드다. 잘하든 못하든 누구나 노래하고 누구나 춤추던 시절, 1990년대는 그런 시대였다.

취향 세대,
덕질 문화의 시작

"무슨 가토라고?"

"아포가토야. 아.포.가.토. 스타카토 아니고 아포가토!"

그 달콤쌉싸래한 디저트의 첫맛을 잊지 못한다. 알라딘의 요술램프처럼 생긴 길쭉한 투명 유리그릇에 탁구공만 한 크기로 담긴 바닐라 아이스크림, 그리고 저걸 누구 코에 붙이나 싶게 소량으로 나온, 탕약같이 걸쭉한 에스프레소. 친구는 내가 딱 좋아할 만한 것을 찾았다며 한 프렌차이즈 커피숍에 데려가 의기양양하게 말했다.

"아이스크림 위에 이 커피를 부어 먹는 거야, 이렇~게."

"뜨거운 커피를 차가운 아이스크림에 붓는다고? 그러면 다

녹아버리잖아."

"그렇지. 살살 녹아내리는 아이스크림이 커피와 어우러진 맛! 그게 바로 아포가토의 매력이라구."

무엇이든 첫 경험은 강렬할 테지만 아포가토의 첫 경험은 특히 더 강렬했다. 세상에나, 저렇게 극강의 쓴맛과 극강의 달콤함이 어울리면 감동을 줄 수 있구나. 바닐라 아이스크림을 만난 커피는 특유의 향이 더 진해지면서 캐러멜 향을 풍겼고, 아이스크림은 커피 사이사이로 녹아들어 두겹 세겹 입체적인 맛을 내다가 스르륵 목젖을 타고 사라져버렸다. "음~~!!!" "오~~!!!" "진짜 맛있다!" 연신 진심의 감탄사가 흘러나왔다.

2000년대 중반, 30대 초반으로 기억한다. 그 뒤로 나는 그 이름도 생경한 아포가토를 잊지 않기 위해 스타카토를 떠올리며 아포가토 전도사가 되었다. 아보카도 수입이 일반화된 이후였다면 스타카토 대신 아보카도를 떠올렸을지 모른다. 나는 종종 "아포가토 드셔보셨어요? 오늘은 이걸 드셔야 해요!"라며 반강제적으로 추천했고, 그때마다 나는 아포가토를 소개한 친구처럼 의기양양해지곤 했다. 먹는 면에서 얼리 어댑터를 자처하는 나는 그렇게 수십 명을 아포가토의 세계로 끌어들였다.

나 홀로 아포가토 먹는 남성

그즈음 두고두고 잊지 못하는 장면을 보았다. 내 또래로 보이는 남성이, 그것도 혼자 와서 아포가토를 시켜 먹는 것이 아닌가! 그가 아포가토를 먹는 모습을 보니 한두 번 먹어본 것이 아니었다. 몸짓이 매우 자연스러웠으며 타인의 시선 따위는 아랑곳하지 않았다. 누가 보아도 오직 아포가토를 먹기 위해 온 것이 틀림없어 보였다.

당시만 해도 문화 충격이었다. 커피숍이란 으레 누군가를 만나기 위해서 오는 장소였다. 혼술, 혼밥이라는 표현도 없었다. 성에 대한 고정관념은 여전해서 남성 혼자 조각 케이크에 커피를 곁들여 먹는 장면도 흔하지 않았다. 그런데 아포가토라니, 그것도 남성 혼자서라니.

그즈음 회사가 있던 광화문 인근에서는 그와 유사한 장면이 곧잘 눈에 띄었다. 《동아일보》 건물 1층에 있는 카페 '이마'에서는 함박스테이크를 나 홀로 시켜 먹는 30대 남성을, 삼청동 '빈스빈스' 카페에서는 와플을 역시 나 홀로 시켜 먹는 30대 남성을 보았다. 아포가토와 함박스테이크, 그리고 바삭한 와플파이를 혼자 와서 시켜 먹는 30대 남성. 10여 년 전쯤이니 이들은 X세대에 속한다. 분명 이전 세대에는 없던 풍경이었다. 밥보다 비싼

디저트를 자신의 취향으로 받아들인 남성들, 남의 시선 따위는 신경 쓰지 않고 자기만의 취향을 즐길 줄 아는 남성들이 많아졌다는 작지만 큰 증표임에 틀림없었다.

취향은 취미와는 다르다. 취미가 여가 시간에 하는 활동이라면 취향은 '하고 싶은 마음이 생기는 마음이나 경향'으로 평소 내가 선호하고 좋아하는 것을 뜻한다. 만약 이 책을 읽는 당신에게 "생일날 무엇을 먹고 싶어요?" "점심시간에 혼자 먹는다면 어떤 메뉴를 고르겠어요?" "운동화는 어떤 브랜드를 선호하나요?" "후식은 어떤 종류를 좋아해요?"라고 물었을 때 "아무거나요"라거나 "배우자가 좋아하는 거요"라고 답한다면 당신은 무취향에 가깝다.

개인차는 있겠지만, 취향이 분명해지기 시작한 것은 X세대부터다. 취향의 전제 조건은 선택의 여지다. 1960년대생 이상 세대는 형제자매도 많았고, 여전히 경제적으로 풍족하지 않은 성장 과정을 거쳤으므로 취향을 찾을 만한 여유가 많지 않았다. 그저 주는 대로 먹고, 있는 대로 입는 것이 자연스러웠다. 선택지가 거의 없었다. 내가 먹고 싶은 메뉴를 고른다는 것은 생일이나 졸업식 같은 특별한 날에만 가능한 사치에 가까웠다. 이들 세대에게 '내 취향을 반영한 삶'이란 은퇴 후에나 주어지는 막연한 희망 사항이었다.

하지만 X세대부터는 다르다. 이들 세대부터는 '자기만의 방'을 어린 시절부터 가진 이들이 생기게 된다. 평균 자녀 두 명의 가정에서는 아들과 딸의 방을 각각 주기 시작했고, 방 세 개인 집에서 형제자매 중 한 명 정도는 자기만의 방을 가지게 되었다. 자기만의 방에서 자기만의 취향을 가지게 된 첫 세대의 출현이다. 최샛별 교수는 X세대에 대해 "한국 역사상 처음으로 자기만의 방을 가지고 성장한 세대"라며 "이 같은 가족 구조와 가족 문화의 변화는 X세대 삶에 '전통적 삶의 방식에 대한 거부'와 '여성 파워 증가'라는 커다란 변화를 일으켰다"라고 말한다.

프로야구단 출범과 덕질 소비

사회경제적 배경 또한 X세대가 취향 세대가 되도록 추동한 면이 많다. 먼저 야구 분야를 보자. 한국에 프로야구가 출범한 것은 1982년, X세대가 10대 전후 때였다. 프로야구 출범과 더불어 어린이 회원에 가입하는 것이 유행이었다. 당시 초등학교 3학년이었던 나의 오빠는 김재박 선수 팬이어서 MBC 청룡 어린이 회원에 가입했다. 알록달록한 야구 점퍼에 흰색 쫄바지, 앞창이 긴 야구 모자를 쓰고 다니는 것이 그렇게 멋져 보일 수 없었다.

나 역시 엄마를 졸라서 OB 베어스 어린이 회원이 되었다. 오빠를 따라 하는 것은 왠지 자존심 상해서 싫고 야구단은 하고 싶고 해서 선택한 것이 귀여운 곰돌이 로고였다. 당시 어느 팀이 야구를 잘하는지는 중요하지 않았다. 로고만 귀여우면 그만이었다.

스포츠 분야에 대한 나의 덕질과 팬심은 그렇게 시작되었다. 시작은 사소하지만 한번 발을 들여놓은 덕질의 세계는 웬만해서 빠져나오기 힘들다. 1970년대생 중에는 야구단 어린이 회원 출신이 꽤 되는데, 이들 중 상당수는 어린 시절의 팬심이 성인이 되도록 일편단심으로 이어지는 경우가 많다. 오빠는 여전히 LG 트윈스(구 MBC 청룡) 팬이고, 나는 여전히 두산 베어스 팬이다. 무려 30여 년간 이어온 팬심이다.

팬심이라는 것이 그렇다. 한번 덕질 세계에 입문하면 열정의 온도는 식을지언정 팬심 자체는 사라지지 않는다. 스포츠 스타든 음악인이든 배우든 누군가를 좋아하게 되면 한결같은 지지와 응원을 보내주며 그 스타가 지속 가능한 활동을 이어가도록 돕는다. 도움의 방식은 '소비'와 맞물려 있다. X세대는 덕질을 마음만이 아니라 소비로 대대적으로 발전시킨 첫 세대다. 시작은 책받침부터였다. 1980년대는 스타 사진 책받침의 시대였다. 도대체 누가 언제부터 유행시킨 것인지는 알 수 없지만, 왕조현, 소피 마르소, 피비 케이츠Phoebe Cates, 주윤발, 장국영, 알란

탐Alan Tam, 성룡, 실베스터 스텔론 등의 스타 사진을 코팅한 책받침을 X세대는 대부분 가지고 다녔다. 나는 영화 〈행복은 성적순이 아니잖아요〉로 한순간에 톱스타가 된 배우 이미연, 〈경아〉라는 노래로 유명한 가수 박혜성의 책받침을 가지고 다녔다. 코팅지가 얇아 연필 자국이 꾹꾹 찍혔지만 그것은 중요하지 않았다. 이전 세대가 몇몇 한정된 톱스타를 다 같이 좋아했다면, X세대부터는 스타에 대한 팬심이 갈리기 시작했다. 한국이 대중문화의 르네상스 시기를 맞으면서 다양한 스타가 대거 출연했고, 그만큼 스타에 대한 취향 역시 다양해졌다.

이렇게 시작한 X세대 덕질의 습관은 다양한 분야로 뻗어나갔다. 2000년대 초반, 국내 뮤지컬 산업이 발전하자 상당수는 이쪽으로 몰렸다. 김소연, 김선영, 옥주현, 김보경, 조정은, 조승우, 류정한, 오만석, 윤형렬, 박은태, 홍광호, 김준수 등 실력파 뮤지컬 배우마다 팬덤을 거느리기 시작한 것은 X세대가 30대에 들어서면서부터다. 회당 수십만 원에 달하는 뮤지컬의 N차 관람 시대를 연 주체 또한 이들이다. 탄탄해진 경제력을 기반으로 뮤지컬 관람에 한 달에 백만 원 넘게 쓰는 뮤지컬 덕후의 상당수는 1970년대생부터 시작되었다.

클래식 음악도 마찬가지다. 1992년 한예종 설립 후 피아니스트 김선욱, 손열음 같은 한국 토종 영재가 해외 온갖 콩쿠르를 휩쓸면서 10대 클래식 스타가 탄생하자 클래식 덕후가 생기기 시작했다. 피아니스트 조성진, 선우예권, 임동혁, 바이올리니스트 사라 장, 클라라 주미 강, 신지아 등이 클래식 팬덤을 거느린 클래식 스타들이다. 신기하게도 이들은 다 1980년대 이후에 출생했다. 이들보다 10년 정도 위의 X세대 팬덤은 이들을 동생이나 후배처럼 바라보면서 덕질을 시작한 배경이 크다고 본다. X세대 클래식 애호가들의 20~30대 클래식 스타 덕질은 여전히 이어지고 있다.

X세대 엄마와 Z세대 딸은 통한다

국내외적으로 가공할 만한 팬덤을 보유한 BTS. 그들을 향한 팬심을 보면 재미있는 현상이 발견된다. Z세대 자녀와 40대의 X세대 엄마가 BTS를 함께 덕질하는 경우를 심심치 않게 본다. 세대를 뛰어넘은 팬덤으로, 자녀를 응원하고 지지하는 부모로서의 마음이 아니라 순수하고 대등한 팬의 입장으로서의 덕질이다. 엄마 손을 잡고 BTS 콘서트를 다녀왔다는 경험담도 꽤 들었다. 서로 다른 세대가 이렇게 한 스타를 향해 동시에 팬덤을 형성한 경우가 또 있었을까? 물론 여기에는 연령과 국적을 뛰어넘어 폭넓은 사랑을 받는 BTS라는 그룹의 특성도 작용한다. BTS가 국내뿐 아니라 해외에서도 다양한 연령대의 팬덤을 보유하고 있다는 것은 널리 알려져 있으니 말이다.

이런 특성을 감안하더라도 X세대 부모와 Z세대 자녀의 공동 덕질은 주목할 만하다. X세대의 10대 시절로 돌아가보자. 이들이 서태지와 아이들을 좋아할 때 부모와 함께 '공동 덕질'을 했다는 이야기는 들어본 적 없다. 가수의 콘서트에 목을 매면 "도대체 왜 저러는지 모르겠다"라는 반응이 대부분이었고 혼내지 않으면 다행인 상황이었다. 하지만 X세대가 부모가 된 지금은 어떤가. 공동 덕질까지는 하지 않더라도 한 스타에 대한 맹목적 팬심을 진심으로 이해하는 이들이 많다. 스타의 콘서트를 앞두고 온 가족이 광클릭을 하면서 피케팅(피 튀기는 티켓팅 전쟁) 대열에 동참했다는 사례도 심심치 않게 들었다. 덕질에 대한 시선이 왜 이렇게 달라진 것일까. '나도 해보아서 알아'라는 X세대의 심정적 이해 때문일 것이다.

술집보다 맛집, 회식 문화의 변화

취향 세대의 첫 주자인 X세대는 라이프 스타일 곳곳에 혁명적 발전을 가져왔다. 무엇보다 달라진 것은 직업관이다. 윗세대는 '직장에 충실해야 한다' '가정보다 회사가 먼저다'라는 명제를 당연시했지만 X세대는 그렇지 않다. 개인주의 첫 세대인 이들은 직장보다 나의 성취를 바라보기 시작했으며 회사보다 가족을 우선시하기 시작했다. 다시 말해, 평생 직장의 개념을 떨쳐버린 첫 세대이자 가족의 소소한 행사를 회식보다 우선시하기 시작한 첫 세대다. 이는 윗세대가 추구하던 집단주의적·권위주의적 문화의 균열을 의미했다.

권위주의 조직 문화의 잔재와도 같던 천편일률적 회식 문화는 X세대가 리더가 되면서 서서히 달라졌다. '삼겹살과 소주, 폭탄주 돌리기, 2차는 기본'으로 굳어가던 회식 문화는 탈권위 세대인 X세대에게는 맞지 않았다. X세대가 주도권을 가진 회식은 일단 메뉴부터 달랐다. 2010년대에 들어서면서 "취하는 송년회는 옛말"이라는 키워드 기사가 급증한 것이 단적인 예다. 취향 세대답게 술집보다 맛집 위주의 회식이 늘었고 문화 세대답게 영화나 뮤지컬, 콘서트 관람으로 회식을 대신하기도 했다. 그런가 하면 소주나 폭탄주 대신 와인바 회식도 등장했다. 일명 신데렐라 회식으로 불리는 119 주법 또한 이들의 술 문화와 무관하지 않다. 119 주법이란 '1가지 종류의 술을, 1차로 끝내며, 9시 전에 귀가'하는 것을 의미한다.

×

취향이 분명한 사람은 덜 불행할 가능성이 있다.

자신이 무엇을 좋아하고 무엇을 할 때 행복한지를 아는 사람이라면, 외부 세계가 아무리 핍진해도 나만의 요새 같은 '취향의 세계'로 숨어들어 잠시나마 불행을 잊을 수 있다.

X세대가 취향 세대라는 말은 곧 '혼자서도 잘 노는 사람들의 세대'라는 뜻과 다르지 않다. 취향이 분명한 사람은 덜 불행할 가능성이 있다. 자신이 무엇을 좋아하고 무엇을 할 때 행복한지를 아는 사람이라면, 외부 세계가 아무리 핍진해도 나만의 요새 같은 '취향의 세계'로 숨어들어 잠시나마 불행을 잊을 수 있다. 나만의 취향의 요새는 클래식 음악이거나 영화, 콜렉션 혹은 쇼핑일 수도 있다.

바꾸어 말하면, 취향이 없는 사람은 불행할 확률이 높다는 이야기가 된다. 먹고사느라 바빠서 내 취향을 들여다보고 알아갈 시간이 부족했던 윗세대는 재미있게 노는 법을 터득하지 못했다. 음식이나 패션 분야에서 자신만의 취향이 분명한 1960년대생 이상의 윗세대를 만나기란 쉬운 일이 아니다. 취미도 마찬가지다. 취미가 없는 이들이 대부분이고, 있더라도 뒤늦게 찾은 취미가 등산이나 낚시, 텃밭 가꾸기나 목공에 한정되는 등 선택 폭이 좁다. 이들은 취향과 취미를 현재형이 아니라 미래형으로 받아들이는 경향이 있다. 다시 말해, '내가 좋아하는 것'은 지금은 누릴 수 없고 은퇴 후를 위해 누려야 할 것, 언젠가 올 자유를 위해 유보되어야 하는 것으로 여기는 것 같다. 이들은 자신의 정체성을 나 자체가 아니라 직장이나 직업에서 찾는 경우가 많다. 다시 말해, 명함이 곧 자신의 정체성이 되는 사람들. 명함이 없어지면 관계도 소원해지다 보니 은퇴 후 극심한 관계 고독을 겪는 이들이 많은 세대이기도 하다.

첫 글로벌 세대

1990년 대한민국의 세계무역기구WTO 가입은 사회 전반의 많은 부분을 변화시켰다. 외국 제품의 수입과 구매가 활발해졌고 해외여행 자율화로 해외여행객이 급증했다. 이즈음 20대에 접어든 X세대는 이 수혜를 톡톡히 누렸다. 1990년대는 대학생 유럽 배낭여행의 전성기였다. 방학마다 아르바이트해서 모은 돈으로《렛츠 고 유럽》이라는 노란 책을 들고 한 달 코스로 배낭여행 떠나는 것이 유행이었다. 누군가는 영화 〈비포 선라이즈〉 같은 로맨스를 기대하면서 떠나고 또 누군가는 〈냉정과 열정 사이〉의 배경이 된 이탈리아 두오모 성당을 실물로 영접하기 위해 떠나기도 했다.

한 달여의 배낭여행이 낭만의 시간만은 아니었다. "다녀오면 철든다"라는 말처럼 고생의 시간이기도 했다. 혼자든 친구와 함께든 20대 초반의 청춘에게 한 달간의 여행은 고행길이었다. 혼자면 외로워서 괴로웠고 여럿이면 취향이 달라서 부딪히곤 했다. 둘이 같이 출발했다가 각자 다니는 친구도 많았다. 무엇보다, 그 시간은 예정대로 되지 않는 예측 불허의 상황에서 문제해결력을 기르는 시간이었다. 불쑥불쑥 나타난 난도 높은 즉흥 문제를 오롯이 나 혼자 해결해나가면서 하루하루 헤쳐나가는, 진정한 어른이 되어가는 시간이기도 했다. 해외 배낭여행을 위해서는 영어 회화 능력이 필수였다. 회화 강사로 유명한 이보영, 오성식 등과 함께하는 영어 공부 붐이 인 것도 이때부터였다. 종로 파고다어학원을 중심으로 새벽부터 영어 회화 공부에 열을 올리는 대학생이 급증했고 캠퍼스에서는 아예 유명 강사를 초빙해 새벽반을 열기도 했다. 대학생들이 영어 공부에 열성을 보인 것은 해외여행 자율화의 영향도 있고 당시 외국계 회사의 취업 문이 갑자기 넓어진 이유도 있다.

국내 배낭여행 유행의 역사는 의외로 길지 않다. 유럽 배낭여행은 대학생들의 특권으로 자리매김할 것 같았지만, 1980년대생이 대학생이 된 2000년대 들어서는 희귀한 사례가 되었다. 이들은 대개 유럽 배낭여행 대신 그냥 유럽 여행을 간다. 자신의 머리보다 높이 오는 배낭을 메고 저렴한 숙소를 찾아 도미토리 dormitory(공동 숙소)를 뒤지는 풍경은 이제 찾아보기 힘들다.

여기에는 여러 이유가 있는데, 먼저 여행 산업이 발달한 이유가 크다. 1990년대만 해도 해외여행 자율화 직후라 여행사가 많지 않았고 여행 상품도 다채롭지 않았다. 하지만 2000년대 들어 여행 산업은 황금기를 맞았다. 하나투어를 필두로 모두투어, 인터파크 등이 각종 여행 상품을 합리적 가격에 내놓음에 따라 사서 고생하는 배낭여행을 할 이유가 적어졌다.

또 하나, 부모 세대의 경제력이 탄탄해진 이유도 있다. 1980년대생의 부모 세대인 베이비부머 중에는 든든한 경제 기반을 가진 이들이 많아졌고, 자연스레 엄마 돈 아빠 돈으로 여행을 떠나는 대학생도 그만큼 늘었다. 1970년대생의 부모 세대만 해도 산업화 세대에 가깝다. X세대의 부모 세대에게 해외여행이란 출장차 다니던 남의 이야기로 받아들여졌고 쉽사리 엄두 내지 못하는 것이었다. X세대는 부모 세대보다 먼저 첫 해외여행을 간 사례가 많고, 밀레니얼 세대부터는 첫 해외여행을 가족 여행으로 간 이들이 많다.

이런 시류 속에서 X세대는 해외 배낭여행을 가장 많이 한 세대이자 글로벌 감각을 지닌 첫 세대가 되었다. 영어 회화도 어느 정도 구사하고 문화권마다 서로 다른 에티켓을 익히게 된 첫 세대로서의 경쟁력은 문화 영역에서 빛을 발하는 데 자양분이 되었다.

탈정치 세대,
라이프 스타일 혁명을 이끌다

1994년 7월 9일 토요일. 친구가 흥분하면서 말했다.

"김일성이 죽었대."

"김일성이? 진짜?"

"응. 심장마비래. 호외 신문에 났대."

김일성. 초등학생 시절 김일성은 공산당의 우두머리이고 공산당은 극악무도한 악의 결정체이자 머리에 뿔 달린 악마라는 식으로 배웠다. 매년 6월 호국보훈의 달에 열리는 반공 글짓기·포스터 경진대회에는 누가 누가 공산당을 더 잔인하게 표현하는지가 관건이었다. 수상작들은 복도에 조르르 전시되었는데 "무찌르자 공산당" "간첩 신고는 112" 식의 구호가 적힌 포스터는 공산당과 간첩을 최대한 무시무시하게 그릴수록 우수상, 최우수상, 대상으로 갈 확률이 높았다. 머리에 뿔을 그리기도 하고 눈동자를 온통 핏빛으로 그린 그림도 있었으며 한 손에는 서슬퍼런 도끼날을 든 공산당도 있었다. 나 역시 매년 빼먹지 않고 반공 글짓기 대회에 참가했다. 그 어린 나이에도 상을 받는 방법을 기막히게 알고 있어서 참전 군인은 최대한 정의의 용사로, 공산당은 악행을 부각하는 쪽으로 묘사하곤 했다.

그러다가 일명 공산당의 실물을 처음 보고 적잖은 충격을 받았다. 초등학교 고학년 때 '아람단'에서 단체로 판문점에 견학 간 때였다. 판문점 건물 안에는 남과 북의 경계선이 있었는데, 뾰족한 철창도, 높디높은 장벽도 없었다. 그저 바닥에 전선처럼 보이는 줄 하나가 지날 뿐이었다. 남한에서도 북한이 훤히 보였고 북한에서도 남한이 훤히 보였다. 심지어 남한군과 북한군이 코앞에서 마주 본 채 경계 서고 있었다.

그때 본 북한군의 모습이 두고두고 잊히지 않는다. 교과서에서 배운 북한군의 모습이 아니었다. 북한군은 우리와 똑같은 사람이었고, 보초를 서면서 자유롭게 왔다 갔다 했으며, 무서운 인상도 전혀 아니었다. 둘째 삼촌을 닮은 북한군의 얼굴에서 친근감마저 느꼈다.

비운동권 학생회장들

1989년, 베를린장벽이 붕괴되었다. 동독의 몰락으로 공산주의는 더욱 힘을 못 썼다. 그리고 1991년, 소련이 붕괴하면서 미국 대 소련으로 첨예하던 냉전 체제가 와해되었고, 이로 인해 사실상 이데올로기 시대는 종언을 고하게 되었다. 이 시기에 10대 중후반기를 지낸 X세대는 자연스레 탈이념 세대, 탈정치 세대로 성장하게 된다. X세대에게는 정치와 이념이 지상 명제가 아니었다. 86세대까지는 해결해야 할 공통의 시대적 과제가 있었지만, 냉전 체제가 붕괴된 세상에서 20대를 보낸 X세대에게 이념 같은 거대 담론은 큰 관심 밖이었다. 국내 정세도 비교적 안정적이었다. 1987년 대통령 직선제로 헌법을 개정한 이후 대학생 시위대는 급격히 줄었고 거리를 뒤덮던 최루가스도 거리에서 슬슬 사라지기 시작했다. 내가 살던 강원도 원주에서 최루가스에 눈물 콧물을 흘린 마지막 기억은 1986년이었다.

대학에서 비운동권 학생회장이 당선된 것도 X세대부터다. 서울대 최초의 비운동권 학생회장인 허민 씨(1976년생, 위메프 초기 대표)를 기억하는가. 서울대는 그나마 고려대나 연세대 등 다른 학교보다 몇 년 늦은 편이었다. 1990년대 초반부터 서울대는 한총련(한국대학총학생회연합)과는 슬슬 다른 노선을 걸었고,

1999년 11월 초접전 끝에 비운동권인 허민이 당선되었는데 이는 한 시대의 주도권이 바뀌는 일대 사건이었다.

균형감 있는 보보스족

안정된 국내외 정세 속에서 X세대는 보보스Bobos족의 라이프 스타일을 닮아갔다. 물질적 만족을 추구한 '부르주아'와 탈물질을 추구하면서 정신적 귀족주의자였던 '보헤미안'. 보보스는 이 둘이 결합한 라이프 스타일을 지닌 신인류를 지칭한다. 2000년 미국의 저널리스트인 데이비드 브룩스David Brooks가 자신의 저서 《보보스》에서 처음 이 용어를 썼다.

배고픔 속에서 따스한 밥 세 끼를 꿈꾸며 물질적 만족을 추구하던 산업화 세대, 군사독재에서 민주주의라는 정신적 가치를 추구하던 86세대. 그 이후에 등장한 X세대는 이 둘의 가치를 동시에 추구하는 경향을 지닌다. 즉, 이들은 소비를 당연하게 여기면서 물질적 만족도 포기하지 않았으며 탈권위와 자유, 개성과 다양성 등의 정신적 가치 역시 놓치지 않았다.

골목길 경제학자인 모종린 연세대 교수는《인문학, 라이프 스타일을 제안하다》에서 한국의 라이프 스타일 경제를 주도할 세대가 보보스라고 보았다. 서구의 라이프 스타일은 부르주아(18~19세기), 보헤미안(19세기), 히피(1960년대), 보보(1990년대), 힙스터(2000년대), 노마드(2010년대) 순으로 진화하는데, 그는 한국의 86세대가 미국의 히피 자본주의와 닮았다고 본다. 다만 "미국 히피 세대는 문화와 생활 운동으로 발전한 데 반해 한국의 86세대는 정치 운동에 머물렀다"라고 분석한다. 그러면서 이런 과제를 던졌다. "한국의 라이프 스타일 경제를 개척할 소임

라이프 스타일 모델	특징	주요 직업군
보헤미안	예술가와 자연에서 물질의 대안을 찾음	예술가, 창조 노동자
히피	물질주의에 반기, 자연 및 커뮤니티 가치 추구	마을 기업, 협동조합, 대안 경제
보보	부르주아와 보헤미안의 변증법적 결합. 인권, 환경, 사회적 책임 중시	변호사, 언론인, 지식인, 교육 엘리트 등
힙스터	히피 운동의 후계자. 도시에서 독립적이고 창의적인 경제 영역을 구축. 대량 소비의 대안 모색	도시를 선호하며, 독립적인 소상공인 비즈니스가 많음
노마드	공유적 생산과 소비를 통해 새로운 방식으로 물질적 성공 추구	프리랜서

《인문학, 라이프 스타일을 제안하다》에서 발췌·정리한 라이프 스타일별 모델

은 X세대와 밀레니얼 세대가 대표하는 미래 세대의 몫으로 남겨졌다. 이미 그들은 공간, 로컬, 친환경, 공동체, 모빌리티 등 다양한 라이프 스타일 영역에서 기성세대와 다른 감성과 능력으로 새로운 기업과 비즈니스를 개척하고 있다."

X세대가 가진 보보스족의 특질을 조금 더 들여다보자. 우리 세대의 가장 큰 특질을 딱 한 마디로 꼽자면 균형감이라고 할 수 있다. 부르주아와 보헤미안의 속성을 가진 보보스는 물질적 만족과 정신적 만족을 두루 추구했다는 점에서 균형감 있는 라이프 스타일 세대다.

학연·지연·혈연 No!

X세대는 개인의 사고방식을 압도적으로 지배하는 이념이 없었다. 성수대교 붕괴 사고(1994), 삼풍백화점 붕괴 사고(1995), IMF 외환 위기(1997) 등 사회경제적 이슈가 있었지만 정치적으로는 안정적인 편이었다. 시대를 압도한 굵직한 정치적 사건을 겪지 않다 보니 X세대는 이념과 정치에 휘둘리지 않을 수 있었다. 자연스레 이들은 비교적 합리적이고 중도적인 시각을 가지게 되었으며 이전 세대에 비해 극단적 시각이 덜한 편이다.

하지만 한쪽으로 치우치지 않는 X세대의 시각은 정치권력을 차지하는 데는 불리한 면이 있었다. 한국 정치는 극단으로 치우치는 경향이 강하고, 양쪽 세력 중 더 강한 목소리를 내는 사람이 주목받을 확률이 높기 때문이다. 성장 과정에서는 보수 정권을 많이 경험했고 20대 이후로는 진보적 경향을 보이게 된 이들 중에는 중도에 치우친 진보주의자가 많은데, 이들의 목소리는 1950년대생 이상의 보수주의 앞에서도 86세대의 진보주의 앞에서도 힘을 못 썼다. 권력 장악에 능하지 않거나 큰 관심이 없는 X세대의 행로는 윗세대와는 달랐다. 있는 자리를 차지하려는 '자리 뺏기' 싸움에서 벗어나 자기만의 의자를 만들어나가기 시작했다. X세대가 문화 쪽으로 대거 진출한 데는 이런 이유가 없지 않다. 문화란 기존 자리를 차지하는 것이 아니라 내가 반짝이면 내가 곧 별이 되고 그곳에 반짝거리는 새로운 의자가 만들어지는 영역이기 때문이다.

경제 역시 마찬가지다. 1970년대생 중에는 동창회나 향우회 등 모임을 썩 좋아하지 않는 이들이 많다. 학연이나 지연이라는 이름으로 밀어주고 끌어주는 미덕은 이들에게는 관심 밖이었다. 이렇듯 학연·지연·혈연에 크게 연연하지 않는 1970년대생은 공공연한 사내 정치에서 불리할 수밖에 없었다. 일찌감치 조직을 만들어 세상을 바꾸어본 적 있는 1960년대생의 정치

력에 비할 바가 못 되었다.

1960년대생들은 일찌감치 임원 자리에 올랐고, 한번 오른 자리를 오래도록 점유할 줄도 알았다. 이는 수치로 드러난다. 잡코리아가 조사한 국내 30대 대기업의 임원 평균 연령을 보자. 2010년과 2020년 중 어느 시기의 임원 연령이 더 높을까. 밀레니얼 위주의 시장 개편, 연공서열이 아니라 능력 위주의 파격 인사가 많아지는 추세로 보았을 때 임원 연령은 점점 낮아져야 옳다. 하지만 한국에서는 그렇지 않았다. 2010년에는 50대 임원의 비율은 70퍼센트, 40대 임원은 30.6퍼센트, 60대 임원은 5.7퍼센트였다. 10년 후인 2020년을 보자. 1960년대생인 50대 임원의 비율은 75.8퍼센트로 압도적으로 높았고 1970년대생인 40대 임원이 18.5퍼센트, 60대 임원이 4.9퍼센트였다. 50대 임원은 10년 전보다 10퍼센트 가까이 늘어났고(70퍼센트→75.8퍼센트) 40대 임원은 70퍼센트 가까이 줄어들었다(30.6퍼센트→18.6퍼센트). 10년 전 40대였던 86세대가 10년 후에도 장기 점유하면서, 40대가 된 X세대에게 기회는 쉽게 주어지지 않았다.

정치 분야도 마찬가지다. 연령대별 국회의원 비율을 보자. 21대 국회(2020년 5월 30일~2024년 5월 29일)를 보면 1960년대생 의원의 비율이 무려 58퍼센트에 달하고 1970년대생 국회의원의 비율은 14퍼센트에 불과하다. 이것만 보면, 한국에서 50대 정치인이 가장 많다는 것이 자연스럽다고 생각할 수 있다. 그렇다면 1960년대생이 40대였던 19대 국회(2012년 5월 30일~2016년 5월 29일)는 어떠했을까. 이때도 이미 86세대가 33.3퍼센트를 점유하고 있었다. 같은 40대 나이로 비교하자면 86세대의 국회의원 비율은 14퍼센트의 X세대보다 무려 2배 이상 많다.

재미있는 것은, 1940년대생이 50대이던 16대 국회(2000년 5월 30일~2004년 5월 29일)의 국회의원 연령은 세대별로 비슷했다는 점이다. 40대(1950년대생)가 24.2퍼센트, 50대(1940년대생)가 40.7퍼센트, 60대(1930년대생)가 29.3퍼센트로, 40~60대 국회의원 비율이 거의 비슷했음을 알 수 있다. 이런 균형은 1960년대생이 정계에 등장한 이후 깨져버렸다. 나이는 중요하지 않았다. 1960년대생이 정계에 등장한 이후 이들은 내내 압도적 점유율을 유지해왔다. 40대가 되면서는 40대 국회의원 역대 최다 점유율을, 50대가 되면서는 50대 국회의원 역대 최다 점유율을 기록했다. 86세대의 정치권 독점은 한국 현대 정치 역사상 유례없는 현상이다.

X세대의 행로는 윗세대와는 달랐다.

있는 자리를 차지하려는 '자리 뺏기' 싸움에서 벗어나

자기만의 의자를 만들어나가기 시작했다.

문화란 기존 자리를 차지하는 것이 아니라

내가 반짝이면 내가 곧 별이 되고 그곳에 반짝거리는

새로운 의자가 만들어지는 영역이기 때문이다.

X세대가 피로 사회를 살아가는 방식

X세대는 왜 자리싸움에서 밀려난 것일까? 어찌 보면 이 질문 자체가 성립되지 않는다. 자리싸움이라는 말 자체가 이들 세대에 어울리지 않기 때문이다. 자리를 차지하고 싶은 마음이 있어야 자리싸움이 가능한 것인데 X세대 중에는 치열한 자리싸움에 관심 있는 이들이 많지 않다. 이들은 대한민국의 모든 세대를 통틀어 싸움에 가장 약한 세대일지 모른다. 잘 싸우려면 피아彼我 구분이 분명해야 한다. 누가 적이고 누가 내 편인지를 나눈 뒤 적을 향해 왜 당신이 틀렸고 내가 맞는지를 조목조목 말할 수 있어야 한다. 하지만 X세대는 성장 과정에서 공공의 적이 없었다. 초등학교 때에는 "무찌르자 공산당"을 구호 삼아 외쳤으나 곧 "공산당은 뿔이 없다"라는 것을 역사가 까발리면서 금세 알게 되었고, 비교적 안정된 사회망을 갖춘 환경에서 개발도상국다운 놀라운 경제성장과 함께 긍정과 희망을 무럭무럭 먹고 자랐다. 어린 시절 골목에서 동네 친구들과 싸움은 해보았으나 공동의 목표가 없으니 똘똘 뭉쳐 세력을 만드는 법은 배우지 못했다. X세대는 이미 있는 자리를 차지하기 위해 애쓰는 대신 자신만의 삶의 방식을 고수하면서 라이프 스타일 혁명을 이끌었다. 라이프 스타일 역시 문화와 마찬가지로 누군가의 자리를 차지하

는 경쟁의 영역이 아니었다. 내가 생각하고 가치를 둔 방식대로 행동하고 삶을 패턴화하면 그것이 곧 나만의 라이프 스타일이 되었다.

X세대가 라이프 스타일 혁명을 이끈 증거는 곳곳에서 발견된다. 일단 X세대부터 취미가 다양해졌다. 해외여행을 다니면서 다양한 물건을 모으는 콜렉터들이 생겨났고, 등산 일색이던 아웃도어 시장에서 캠핑 문화를 만들고 주도했으며, 회식을 줄이면서 가족 단위 모임이 대대적으로 늘었다. 취향 세대인 이들 중에는 자신이 꽂힌 아이템을 그러모으는 취미를 가진 이들이 많다. 학교에서 시행한 우표와 크리스마스 씰seal 모으기는 전국의 초등학생들을 콜렉터가 되도록 부추겼다. 이들은 훗날 애니메이션 피규어, 야구 카드나 만화책, 영화 포스터 등 각자가 꽂힌 다양한 아이템을 모았다. 일명 덕후의 탄생 세대라 할 만하다.

치열한 경쟁 사회를 살아가는 방식은 크게 두 가지다. 경쟁 대열에 뛰어들거나 아니면 한발 물러나 다른 삶을 꿈꾸거나. 86세대가 전자의 삶이 강하다면 X세대 중에는 확실히 후자가 많아졌다. 휩쓸림과 집단주의를 그다지 선호하지 않는 이들은 각자의 방식으로 대안의 삶을 찾아 나서기 시작했다. 대안의 삶을 들여다보면 세대별로 다른 방식이 감지된다. 피로 사회를 살아가는 방식에 있어서 86세대는 물러서지 않고 피로 사회의 한복판에서 버티어내면서 연대한다. 민주주의라는 가치로 똘똘 뭉쳤던 힘을 발휘해 필요할 때면 하나둘 목소리를 모아 정치적으로 움직인다. 원하는 것을 관철하기 위해 투쟁을 불사하기도 한다.

개인주의 세대인 X세대는 물러나는 쪽이다. 피로 사회의 한복판에서 버티기보다 한 발 한 발 뒷걸음질 치면서 이전과는 다른 방식의 삶을 기웃거린다. 대도시를 떠나 경기도나 중소 도시 등으로 이사하는 가족이 많아지고, 인문학을 공부하는 부모가 자신의 아이들을 학교 대신 홈스쿨링으로 가르치는 사례도 늘었다. 대안 교육을 택하는 방식도 마찬가지다. 86세대는 마을 공동체를 만들어 품앗이하지만 X세대는 각자 공부하고 각자 길을 찾아가는 경우가 많다.

반면 밀레니얼 세대는 양상이 또 다르다. 이들은 따로 또 함께 움직이는 세대로서 평소에는 개인주의적인 성향이 강하지만, 환경이나 투명 경영, 젠더 이슈 등 공동 목표가 있을 때는 인터넷 공간에서 재빨리 뭉쳐 한목소리를 낼 줄 안다. 자신만의 개성을 살린 청년 창업, 골목 상권 부활, 취향 중심의 살롱 문화를 만든 것은 느슨한 연대의 힘을 아는 밀레니얼 세대가 이룬 눈부신 성과들이다.

2020년 전후로 지자체에 들어서는 마을 공동체 2.0 시대를 이끈 주역도 밀레니얼 세대다. 서울과 경기 등 대도시에서의 삶에서 한계를 느낀 청년들이 새로운 기회를 찾아 나선 경우다. 이들을 주축으로 로컬 크리에이터들이 생기면서 골목길 상권이 부활하고, 느슨한 연대를 표방한 마을 공동체가 곳곳에 들어서고 있다. 삶기술학교(충남 서천군), 홍성에 청년농부들 왓슈(충남 홍성군), 프로젝트그룹 짓다(제주) 등이 그 예다. 성미산 마을로 대표되는 마을 공동체 1세대는 86세대가 주축을 이루었다면 청년 농부와 로컬 크리에이터가 주축이 된 마을 공동체 2.0 시대는 밀레니얼 세대가 이끌고 있다. 그 사이에 낀 1970년대생은 공동체보다는 각자의 '다움'으로 침잠하는 경향이 강하다.

돈키호테 세대,
조용한 실력자로 거듭나다

"민희야, 걸어도 걸어도 앞으로 나아가지 않는 느낌이야. 10년 전만 해도 40대가 되면 승진도 팍팍 하고 집도 살 줄 알았는데, 왜 나만 제자리 같지?"

"나도 그래. 나는 분명 무언가를 계속하고 있는데 전진하는 느낌이 없어. 제자리 트랙에 갇힌 것 같아."

"맞아. 헬스장에서 트레드밀을 걷는 느낌."

대학 절친인 브라운박사와 이런 대화를 자주 나누었다. 우리가 느낀 상실감은 뒤늦게 깨달은 애석함이 8할이었다. 애석함은 '성실함의 배신'에서 기인했다. 열심히 발을 구르며 달려왔고, 쉬고 싶은 마음이 굴뚝같았지만 쉬지 않았다. 잠깐이라도 쉬면 다른 사람에게 뒤처질 것 같은 두려움에 꾹 참고 그저 달렸다. 조금만 더 달리면 목표 지점이 보일 것 같았다. 그러다가 숨이 턱까지 차올라서 쉴 수밖에 없는 상황. 잠시 멈추고 뒤를 돌아보았다. 허무했다. "에게? 요것밖에 안 왔어?" 하는 탄식이 흘러나왔다. 결승선에 가까운 줄 알았는데, 출발선에서 더 가깝다는 것을 뒤늦게 알아챈 당황스러움이었다.

왜 이렇게 되었을까? X세대는 왜 냉철하게 현실을 자각하지 못하고 성큼성큼 전진하지 못하는 길에 들어서서 미련하게 스스로 혹사해온 것일까? 이 부분은 달라진 경제 기조 탓이 크다. 바로 윗세대만 해도 고성장 시대의 수혜를 톡톡히 누렸다. 두 자릿수 경제성장이 이어지면서 여기저기 일자리가 널렸다. 특히 제조업과 금융업계의 부흥과 궤를 같이한 시대의 직장인들은 승진도 그만큼 빨랐다. 비어 있는 임원 자리는 능력 순이었다. 이사든 전무든 부사장이든 능력만 있으면 나이와 무관하게 승진이 가능한 분위기였다. 30대 지점장이 탄생했으며 40대 초반의 부사장이 흔했다. 대거 입사해 승진이 빨랐던 이들은 그 자리를 오랫동안 점유했다. 아랫세대에는 기회가 오지 않았다. 윗세대가 부장이 되고 이사가 되고 상무가 되는 나이에 X세대는 여전히 과장, 차장대우였다.

그렇다면 조직 내 기여도 면에서는 어떨까? 노력의 크기와 기여도로 보자면 X세대가 윗세대의 40대 때보다 낮다고 할 수 없다. 성실성이나 책임감이 넘치는 이들은 굳건한 애사심을 가지고 일개미처럼 일하는 세대다. 문제 해결력 차원에서도 반짝이는 경우가 많다. 하지만 자신을 드러내는 편이 아니고 생색내기에 약한 이들은 자신의 업적을 잘 어필하지 않는다. 반면 목소리도 크고 자신감도 넘치는 베이비부머는 열심히 한 만큼 자신의 업적을 드러내는 데도 능하다. 이런 상황에서 X세대는 뒤늦게 알게 되었다. 선배 세대처럼 하면 선배 세대처럼 살 줄 알았는데 그런 상황은 오지 않는다는 것을.

트레드밀 위에서 제자리걸음을

이런 분위기를 깨달은 것은 X세대가 40대가 되어서였다. 하지만 깨달았을 때는 다소 늦은 감이 있었다. 무언가를 다시 시작하기에는 어정쩡한 나이가 된 것이다. 하지만 관성이 붙은 X세대는 트레드밀에서 내려오지 못한다. 윗세대는 달리면 전진했고 아랫세대는 전진조차 시도하지 않으려 했지만 X세대는 그래도 달린다. 노력에 비해 나아가는 속도는 더디었지만 성실의 습관은 하루아침에 버려지지 않았다.

그래서 나는 X세대를 돈키호테 세대로 명명한다. 이룰 수 없는 무모한 꿈을 향해 무작정 돌진하는 돈키호테. 일찌감치 목표를 정해놓고 앞을 향해 달려가는 돈키호테처럼 X세대는 그저 달린다. 목표 중독의 관성 때문이다. '아, 시대가 변했구나. 근면과 성실, 열정과 패기만으로 성공하는 시대는 지났구나'라는 것을 뒤늦게 깨닫고도 달리는 것을 멈추지 않는다. 하지만 돈키호테의 관성이 나쁜 것만은 아니다. 달리는 과정에서 차곡차곡 쌓인 실력은 어디 가지 않고 고스란히 성장의 발판이 되기 때문이다.

잡초의 경쟁력

X세대는 평생직장 개념이 사라진 첫 세대다. '첫'에는 늘 끝과 시작이라는 교집합이 존재한다. 평생직장 개념이 사라지기 시작한 세대라는 말은, 여전히 평생직장 개념을 안고 사는 이들이 많은 세대라는 말도 된다. 이전 세대까지는 직장을 자주 옮기면 무언가 문제가 있는 직원으로 보는 경향이 강했다. 한 직장에 수십 년간 근무하면서 차근차근 승진해 CEO가 되는 '샐러리맨 신화'가 기삿감이 되곤 했다. 이런 인식은 X세대부터 달라졌다. "능력 있으면 연봉을 올리면서 이직한다"라고 생각하는 이들이

많아졌다. 나의 친구 중에도 이직을 연봉 인상 기회로 생각하면서 수시로 취업 포털 사이트를 뒤지는 이들이 꽤 있었다. 그들은 "한번 옮길 때마다 몸값을 최소 10퍼센트는 올릴 수 있다"라는 고급 팁(?)을 전수해주기도 했다. 달라진 직업관을 재빨리 체화한 이들이었다.

하지만 나는 그런 부류가 아니었다. 유유상종이라고, 나의 절친 중에는 여전히 평생직장 개념을 안고 사는 X세대가 많다. 나는 대학원 석사 졸업 후 들어선 첫 직장을 21년째 다니고 있고, 절친 브라운박사는 대학교 4학년 때 취업한 회사를 무려 24년째 다니고 있다. 그렇다고 우리가 지금의 회사를 꿈의 직장이나 평생직장으로 생각하는 것은 아니다. 취업할 때는 몰랐다. 이렇게 오래 다닐지 말이다.

우리가 장기근속하게 된 이유는 무엇일까. 우스갯소리로 친구에게 이런 말을 한 적이 있다. 우리가 아마 '어느 이름 없는 농부의 아내'라는 첫 직장을 가지게 되었다면 그 직장을 아직도 다닐지도 모른다고. 다소 극단적인 상황을 가정했지만 이런 성향이 다분했다. 이상은 높되 그 이상이 현실보다 압도적으로 낫지 않으면 현실을 박차고 나갈 용기 또한 부족했다.

"우리는 잡초과야 잡초과. 화초과가 아니라. 하하." 브라운박사와 나는 우리를 잡초과로 분류했다. 겉으로는 온실 속의 화초

×

이룰 수 없는 무모한 꿈을 향해 무작정 돌진하는 돈키호테.

돈키호테처럼 X세대는 그저 달린다.

목표 중독의 관성 때문이다.

'아, 시대가 변했구나. 근면과 성실, 열정과 패기만으로 성공하는 시대는 지났구나'라는 것을 뒤늦게 깨닫고도 달리는 것을 멈추지 않는다.

하지만 돈키호테의 관성이 나쁜 것만은 아니다.

달리는 과정에서 차곡차곡 쌓인 실력은 어디 가지 않고

고스란히 성장의 발판이 되기 때문이다.

같지만, 알고 보면 야생에서 거칠게 자란 잡초라고, 그래서 절대로 꺾이지 않고 살아남는다고. 남들 눈에는 잘 띄지 않지만 생명력이 질긴 잡초. 잡초는 사실 잡스러운 아무 풀이 아니다. 이름 모를 풀꽃이거나 아직 명명되지 않은 풀꽃일 뿐이다.

잡초는 힘이 세다. 일본의 식물학 작가 이나가키 히데히로稲垣榮洋가 쓴《전략가, 잡초》에는 잡초의 경쟁력이 여실히 담겨 있다. 책의 부제는 "'타고난 약함'을 '전략적 강함'으로 승화시킨 잡초의 생존 투쟁기"다. 나는 이 책에서 소개한 잡초의 전략가적인 면면의 상당 부분이 X세대와 닮았다고 느꼈다. 싸우지 않고 살아남는 존재, 신경 써서 돌보아주지 않아도 스스로 살아남는 존재, 경쟁에 약한 존재, 일찍 싹을 틔우지 않고 적기를 기다리는 존재, 밟혀도 다시 일어나는 존재, 그리고 다른 생명들과 두루두루 공존 가능한 존재…. 성실맨들은 그렇게 묵묵히 '지금'의 '이' 자리에서 차곡차곡 실력을 쌓아갔다. 그렇게 쌓아 올린 애씀의 시간들은 축적되어 실력으로 돌아왔다. 그래서 나는 X세대를 '조용한 실력자들의 세대'라고 부른다.

전문가 필자의 시대를 열다

각자의 영역에서 묵묵히 실력을 다진 X세대는 전문가 필자의 시대를 열었다. 얼마 전까지만 해도 '전문가 따로 작가가 따로'여서 전문가의 콘텐츠를 담은 책을 내려면 으레 대필작가가 필요했다.

하지만 전문가가 직접 자기 분야의 콘텐츠를 집필하는 일이 점점 늘고 있는데 이 경향은 X세대부터 본격화되었다. 2016년 《조선일보》는 그해 출판계를 결산하면서 "책 잘 쓰는 전문가 시대를 열다"로 규정지었다. 《조선일보》가 선정한 전문가 필자는 10명이었는데 그중 절반이 X세대였다. 김상욱(과학), 백영옥(에세이, 소설), 윤홍균(정신분석), 한강, 장강명(이상 소설가)이 그들이다. X세대가 아닌 나머지는 김형석(1920년생, 철학자), 정유정(1966년생, 소설가), 양정무(1967년생, 미술비평가), 한성우(1969년생, 국어학자), 천주희(1986년생, 문화연구가)였다. 자기 분야의 콘텐츠를 직접 책으로 펴내는 X세대 전문가는 셀 수 없이 많다. 법조인, 수학자, 물리학자, 의사 등 직업군마다 전문가 필자가 점점 늘어나게 된다.

자신의 전문 분야에 대한 대중서를 쓴다는 것에는 각별한 의미가 있다. 대중서는 혼자만 읽는 일기와는 다르고 대학교수나 연구원이 발표하는 논문과도 다르며 신변잡기의 에세이와도 또 다르다. 여기에는 몇 가지 꼭 갖추어야 하는 조건이 있다. 첫째, 자신의 분야에 대한 탄탄한 전문 지식이 있어야 한다. 둘째, 이를 기반으로 한 자신만의 고유한 시선과 철학이 있어야 한다. 셋째, 대중의 눈높이에서 소통할 수 있는 글쓰기 능력이 있어야 한다. X세대부터 전문가 필자가 대거 등장했다는 것은 이 세 가지 요건을 갖춘 실력자가 많아졌다는 의미가 된다.

왜 X세대는 조용한 실력자들의 세대가 되었을까? 여기에서 "조용한"이라는 수식어를 유심히 볼 필요가 있다. 즉, 나서는 것을 그다지 좋아하지 않고 자기 스스로를 내세울 줄 모르며 경쟁에 약한 X세대의 경쟁력은 아이러니하게도 남과의 경쟁이 아니라 자신과의 경쟁에서 온다. X세대는 누가 알아주지 않아도 전진하는 느낌이 없어도 그저 묵묵히 성실의 관성으로 자기 몫을 해낸다. 무엇이 되고자 하는 간절함은 없지만 언젠가 좋은 날이 오리라는 막연한 긍정의 마인드로 그저 최선을 다하는 이들이 많다. 그렇게 쌓인 시간은 실력이라는 보답으로 되돌아오고 있다.

영포티가 된 피터팬

문제는 X세대 스스로가 그렇게 차곡차곡 쌓아 올린 실력의 진가를 액면 그대로 바라볼 줄 모른다는 점이다. 앞에서도 언급했지만 세대론에서는 20대를 중요한 시기로 본다. 자유분방하고 개성 넘치며 대중문화의 르네상스 시대를 흠뻑 누린 X세대는 피터팬 세대다. 영원히 철들지 않는 아이 같은 존재. 여전히 나이의 시계추를 20대와 멀지 않은 곳에 고정하고 있기에 자신을 성숙한 실력자라고 생각하기보다 여전히 철없는 낭만주의자라고 보는 경향이 강하다. '영포티young fourty의 탄생'은 이런 X세대의 속성과 맞닿아 있다.

나는 인터뷰 기자라는 직업 특성상 다양한 사람들을 만날 기회가 많았다. 나이와 성별, 직업군과 사는 곳이 제각각인 사람들 700여 명을 인터뷰했다. 개중에는 전화 인터뷰를 한 사람도 있지만 두 시간 넘게 일대일로 속 깊은 대화를 나눈 경우도 많았다. 인터뷰란 한 사람의 가장 빛나는 부분을 간접 체험하는 신비로운 시간이다. 질문에 대한 답을 할 때 보면, 언어에 다 담기지 않는 진정성 유무가 느껴진다.

인터뷰어로서 나는 인터뷰이가 자기만의 언어를 가졌는지를 유심히 들여다본다. 똑같은 문장을 말해도 똑같은 의미로 전달

되지 않는다. 누군가는 책에서 읽은 남의 생각을 자신의 것인 양 말하지만 누군가는 아주 평범한 말이라도 뼈저린 각성을 통해 스스로 깨달은 말을 한다. 재미있는 점은, 전자의 대부분은 남의 생각을 자기 생각으로 착각한다는 것이다. 자기만의 생각을 가지기 전까지는 그 생각이 타인의 생각인지조차 인지하지 못한다. 말뜻을 이해했다고 해서 그 말을 깨달은 것은 아닐진대 그렇게 생각하고 말하는 사람이 많다. 나의 세계와 타인의 세계, 개인의 영역과 집단의 영역이 구분되지 않은 채 뒤엉킨 세계를 사는 사람들이다.

지극히 사적인 독서의 시작

X세대에는 자기만의 언어를 가진 사람이 많았다. X세대의 시선은 처음부터 내면에서 시작된 경우가 많다. 공부의 목적도 달랐다. 대의나 거대 담론을 위한 공부보다는 순수한 호기심에서 연유하거나 내 삶을 고양하기 위한 지극히 사적인 공부를 하는 이가 많아졌다. 그래서 X세대부터 다양한 분야의 책을 탐식하는 다독가들이 본격적으로 탄생하게 된다.

이전 세대까지의 독서는 정치와 역사적 담론으로 수렴되는 경향이 강했다. 국내 정세가 뒤숭숭한 1980년대 대학가는 휴강이 잦았다. 강의실보다 데모의 기억을 청춘의 강렬한 추억으로 기억하는 이들이 많다. 그 시절에 도서관에서 독서 삼매경에 빠진 대학생은 비난의 대상이었다. 나라의 미래를 뒷전으로 한 채 개인의 안위를 도모하는 이기주의자로 낙인찍히기에 십상이었다.

MZ세대의 독서 목적은 또 다르다. 자기소개서 세대인 이들은 독서를 스펙용으로 인식하는 경향이 강하다. 생활기록부에 적히는 순간부터 독서는 입시용으로의 전락을 피하기 힘들다. 독서 목록을 입시 면접 자료로 활용하는 현실에서는 '지적 호기심'을 충족하기 위한 순수한 독서를 하기가 쉽지 않다. 논술학원에서는 면접에서 유리한 도서 목록을 족집게 리스트처럼 공유하고 예상 문제를 뽑아 답변을 외우게 하는 현실이다(이런 부작용 때문에 생활기록부에서 독서 목록의 비중이 점점 축소되고 있다).

어찌 보면 X세대는 순수한 호기심을 품고 다양한 분야의 책을 넘나들면서 깊이 있는 독서를 자발적으로 한 마지막 세대일지 모른다. 이런 분위기에서 자란 X세대는 공부를 긍정적으로 인식하게 된다. 앞세대처럼 공동의 목표 의식을 가진 공부가 아니었으며 뒷세대처럼 입시 트랙에 갇힌 공부도 아니었다. 최근 자발적 독서클럽이나 커뮤니티의 리더 중에 X세대가 많은 것도 이와 무관하지 않다.

공감 세대,
서로 다른 세대를 끌어안다

"어험, 아가. 본시 옛날에는 며느리가 집안에 첫인사를 할 때, 마당에 멍석을 깔고 큰절을 올린 후 집 안에 발을 들였느니라."

2003년, 시아버지가 훈장 선생님 같은 목소리로 말씀하셨다. 신혼여행을 다녀온 뒤 인사드리기 위해 안방으로 들어가려는 막내며느리의 발걸음을 제지하기 위한 훈시였다. 나름 신세대인 나는 당황스럽기도 하고 웃음도 나왔다. 어이없다는 표정으로 아버님 얼굴을 빤히 쳐다본 것 같다. 아버님은 인자한 표정으로 말을 이으셨다. "하지만 지금은 현대사회이니 마루에서 큰절을 올리고 안방으로 들어오도록 하여라." 그렇게 우리 부부는 한복 차림으로 마루에서 큰절을 예의 바르게 올린 후 안방 문지

방을 넘을 수 있었다.

나의 시아버지는 1925년생으로, 나보다 정확히 50세 많으시다. 남편은 아버님이 마흔 중반에 생긴 늦둥이였다. 교장 선생님으로 정년 퇴임하신 아버님은 경북 김천 종갓집의 큰 어른이신데, 집안 행사가 있으면 50인승 관광버스를 대여해서 움직였다고 한다. 신혼 초 명절이 되면 부침개만 16종을 부쳤다. 오전에 시작한 전 부치기는 세 명이 쉬지 않고 부쳐대도 저녁이 되어서야 끝났다. 배추전과 무전이 그렇게 달짝지근하다는 것도, 우엉과 연근을 전으로 부쳐 먹으면 180도 향이 달라진다는 것도 그때 처음 알았다.

결혼 후 첫인사 행사는 마루 인사에서 끝나지 않았다. 다홍치마에 분홍꽃저고리를 갖추어 입은 나는 어르신들의 행렬을 줄레줄레 따라 경북 김천시 대덕면에 있는 선산으로 갔다. "아가, 여기는 ○○○를 지낸 ○대손 ○○○○시다. 절을 올리거라." 세배 폼으로 상체를 수그리자 아버님은 놀란 듯 말씀하셨다. "크, 큰절을 올리거라." 아래로 향하던 두 손을 다시 공손하게 이마로 가져가 드라마에서 보던 대로 큰절을 올렸다. 태어나 큰절은 처음이었다. 한 번, 두 번. "열 번을 올리도록 하여라."

처음에는 이 상황이 그저 재미있었다. 대하사극의 주인공이 된 듯해 시키는 대로 즐겼다. '평생 단 한 번뿐이니까' 하는 심정으로 인내하는 마음도 있었다. 하지만 열 번 정도 큰절을 올리자 허벅지와 종아리가 아파왔고 짜증이 스멀스멀 올라왔다. "아가, 여기는 ○○○를 지낸 ○대손 ○○○시다." 또 열 번의 절이 시작되는가 싶었는데 옆에서 형님이 구출해주셨다. "아버님예, 동서 힙듭니더. 열 번은 너무 많지 싶네예. 이제부터는 두 번씩만 해도 안 되겠습니꺼." 시아버지는 나름 합리적인 분이셨다. 큰며느리의 간곡한 부탁을 들은 아버님은 "지금은 현대사회이기 때문에" 그렇게 하라고 특별히 허락을 내리셨다. 그렇게 나는 집안 어르신들이 계시는 열 몇 기의 산소 앞에서 신고식을 호되게 치렀다.

국적 차이보다 큰 세대 차이

이런 집안 환경 덕분에 나는 세대 차이를 아주 선명히 느끼는 상황이 많았다. 그 시대 어르신들은 일제 치하를 경험했고 6·25를 20대에 겪었다. 1960년대 이후 한강의 기적을 생생히 목도했고 1988년 서울올림픽으로 국위 선양하는 장면을 보면서 애국심을 뼛속 깊이 새겼다. 나라 잃은 설움, 전쟁의 참상을 몸으로 겪었기에 이들에게 '대한민국'은 듣기만 해도 가슴이 웅장해지는 종교나 다름없었다.

아버님께는 늘 '본시'의 상황이 있었다. 차에 탈 때, 식당에서 착석할 때, 문을 열고 들어갈 때와 나갈 때는 늘 순서의 정답이 있었고, 그 순서를 지키기를 원하면서도 다른 사람에게 양보하는 것도 잊지 않으셨다. 아들 집에서 주무시는 날이면, 남에게 폐 끼치는 것을 극도로 싫어해서 다른 가족들이 일어나기 전에는 잠자리에서 나오지 않으셨다. 당신의 기척 때문에 다른 가족들이 깰 것을 염려해서다. 나이가 곧 권력이라는 것을 굳게 믿으시면서도 권력자에게는 그만큼 막중한 책임과 의무가 따른다는 것도 몸소 보여주셨다. 그 시대 많은 어르신들이 그랬다.

한 인간의 사고 형성에 지대한 영향을 미치는 20대를 1950년대에 보낸 아버님 세대는 지독한 가난을 경험했다. 배고픔이 일상이었고 하루 세끼는 사치였다. 자본주의의 광풍은 다른 나라 이야기였고, 1960~1970년대 한국 자본주의의 뿌리를 다지던 시대에도 돈, 돈 하지 않았다. 지우개는 두 개 이상 가져본 적이 없고, 옷은 나달나달 해져서 못 입게 되기 전까지는 버리는 것이 아니었다. 한 마디로, 아버님 세대는 후진국 환경에서 자란 후진국의 시민이었다.

산업화 세대가 후진국 시민의 감수성을 지녔다면 베이비부머와 86세대는 개발도상국 세대의 감수성을 지녔다. 이에 반해 밀레니얼 세대부터는 선진국 시민이라 할 만하다. 그렇다면 X 세대는 어떨까? 이들은 개발도상국과 선진국의 감수성을 두루 지녔다고 할 수 있다.

바꾸어 말하면, 지금 대한민국에는 후진국과 개발도상국, 선진국 시민이 한 하늘 아래에서 살고 있다. 성장 환경이 다르면 가치관과 사고방식도 당연히 다를 수밖에 없다. 우리나라는 한민족이라는 이름으로 불리지만 사고방식으로 보자면 한민족으로 보기 어렵다. 세대 차이가 커도 너무 커서 서로 다른 인종들이 섞여서 사는 멜팅 팟melting pot이라고 해도 과언은 아니다. 압축 성장이 남긴 흔적이다.

여섯 개의 세대, 여섯 개의 세계

우리나라처럼 세대 간 갈등이 극심한 나라는 전 세계에서도 유례가 드물다. 세대 갈등이라는 용어부터 그렇다. 원래 세대 구분은 생물학적으로 보자면 한 생명체가 대를 잇는 '다음 세대'를 낳는 시간적 구간을 지칭한다. 따라서 인간의 한 세대는 보통 30년 주기로 본다. 영국처럼 사회 변화 속도가 느린 경우는 여전히 한 세대를 30년으로 보는 주기가 통할 수 있다.

하지만 한국의 세대론에서 한 세대는 10년 주기를 지칭한다. 10년마다 새로운 세대가 탄생한다는 이야기다. 산업화 세대와 베이비부머가, 베이비부머와 86세대가 조금씩 다르고, 86세대와 X세대는 서로 다른 인종이라고 해도 과언이 아닐 정도로 단절감이 심하며 X세대와 밀레니얼 세대의 사고방식 차이도 크다. 기성세대는 MZ세대를 한 덩어리로 묶어보지만 밀레니얼 세대와 Z세대는 또 다르다. 이들의 차이는 베이비부머와 X세대의 차이만큼이나 천양지차다. 베이비부머의 자녀인 밀레니얼 세대와, X세대의 자녀인 Z세대는 그들 부모의 사고방식을 고스란히 이어받았기 때문이다.

서로 다른 여섯 개의 사고방식을 가진 세대가 한 시대에 한 하늘을 이고 살고 있다. 이런 진풍경은 역사적으로도 전무후무하지 않을까 싶다. 성장 환경과 사고방식이 다른 여섯 인종이 이 좁은 땅덩어리에서 섞여 살고 있다고 생각해보라. 당연히 대립과 반목이 클 수밖에 없다. 가정에서, 마트에서, 지하철에서, 회사에서 수시로 부딪히면서 서로가 서로에게 "도대체 왜 저럴까?"의 시선이 이리저리 꽂힌다.

지하철만 타도 동상이몽의 시선들이 수없이 엇갈리는 것이 보인다. 노약자석에 대한 시선부터 그렇다. 한 10년 전만 해도 노약자는 무조건 보호받아야 할 대상이었다. 하지만 노약자를 바라보는 시선이 다양해졌다. 약자는 보호받아야 할 대상이지만 모든 노인이 다 보호받아야 할 대상은 아니라는 시각이 생기기 시작했다. 건강 수명이 중요시되는 사회 분위기 속에서 건강한 70대가 허약한 30대의 자리를 차지할 권리는 없다는 이야기다. 이는 그만큼 개인에 대한 개념이 달라진 현실을 반영한다. 노인을 하나의 덩어리로 보지 않고 개별 존재로 바라보게 된 사회 변화의 시선이 느껴진다.

얼마 전에는 이런 일도 있었다. 나보다 열 살 아래의 밀레니얼 후배가 겪은 일이다. 후배는 결혼한 친구 중 상당수가 시부모님에게 전화번호를 공개하지 않는다고 했다. 짐짓 놀라는 나에게 그는 그럴 줄 알았다는 표정으로 말했다.

> 선배님이 놀라실 줄 알았어요. 이게 세대별로 인식이 다르더라고요. 저희 세대 부부 중에는 양가 어르신은 각자가 챙기는 게 합리적이라고 생각하는 경우가 많아요. "우리 부모님은 내가 챙길 테니 너희 부모님은 네가 챙겨" 하는 식으로요. 저희 시부모님도 제 전화번호를 모르세요. 이런 이야기를 이모랑 엄마한테 했어요. 베이비부머인 엄마는 화들짝 놀라시며 "말도 안 돼"라는 반응을 보이셨고, X세대인 이모는 "그럴 수도 있지 뭐" 이런 식으로 이해하려 노력하는 게 보였어요. Z세대인 동생은 뭐

라고 했는지 아세요? "언니, 그게 중요해?"라고 해요.

불과 10년 동안 달라진 세대관에 놀라지 않을 수 없었다. 사생활 보호 차원에서 학교 담임선생님의 전화번호를 가르쳐주지 않는 경우가 늘고 있다는 것은 경험으로 알고 있었지만 며느리의 전화번호를 모르는 시부모님이 점점 많아지고 있다는 이야기는 처음 들었다. 가족의 개념과 역할이 달라지고 있음을 뼈저리게 느낀 에피소드였다. 가족과 친지라는 이유로 조건 없는 의무를 강요하기보다는, 느슨한 연결 고리를 통해 선택적 유대를 추구하는 쪽으로 관계가 변하는 것이다.

달라진 인권 감수성

세대별로 가장 첨예하게 부딪히는 부분은 바로 인권 감수성이다. 최근 들어 다양성과 공존, 인권 존중의 가치가 널리 퍼지고 있다. 교육의 힘이 크다. 장애인, 여성, 노약자 등 사회적 약자와 더불어 사는 법에 대해 교육받은 세대는 인권 감수성이 남다르다. 나이와 성별, 피부색과 장애 여부, 경제 수준에 상관없이 모든 인간은 그 자체로 존중받아야 마땅하다는 평등 의식을 가지기 시작한 MZ세대는 기성세대와 곳곳에서 충돌을 빚게 된다.

요린이나 산린이, 주린이 같은 언어에 제동이 걸리는 것도 이런 시각이다. 요린이는 요리 초보, 산린이는 등산 초보, 주린이는 주식 초보를 일컫는 말인데, 여기에는 '어린이는 미성숙한 사람'이라는 차별적인 시각이 깔려 있다. 따라서 어린이를 차별하는 이런 언어는 쓰면 안 된다는 목소리가 커지고 있다. 나이는 벼슬이 아니며 어린이는 미성숙한 존재가 아니라 그 자체로 완전한 시기로 보아야 한다는 시각이 퍼진 것은 최근의 일이다.

소위 '얼평'이 금지된 것도 같은 맥락이다. 얼평은 얼굴 평가의 줄임말로, 외모만 보고 예쁘다, 잘생겼다, 못생겼다, 착하게 생겼다는 식으로 평가하는 것을 말한다. 10년 전만 해도 처음 만나는 사이에서는 얼평부터 하는 분위기가 자연스러웠지만 최근 들어 얼평은 인권 감수성에 어긋나는 행동으로 금기시된다. 타고난 부분에 대해서 가타부타 평가하는 것 자체가 평등적 사고가 아니기 때문이다. 대신 "오늘 옷이 잘 어울리시네요" 식의 후천적 노력에 대해서는 마음껏 평가해도 된다.

연령 차별과 얼평에 대한 이슈로 가족 간에 갈등이 빚어지는 경우가 흔하다. X세대 부모들은 자녀인 Z세대 아이들에게 종종 지적당한다. "너희는 아직 어려서 몰라" "경험이 부족해서 몰라. 엄마 아빠는…" 하면 "엄마! 그건 에이지즘ageism(연령 차별주의)

이에요!" 하며 강력하게 반발한다. 그리고 학교에서 배운 '나이에 따른 차별의 예'를 언급하면서 한바탕 연설을 이어간다. 그때는 자연스러웠지만 지금은 금지된 것투성이인 세상이다.

사고방식은 향유하는 문화와 교육의 영향을 많이 받는다. 2000년대 초반까지만 해도 국적 차이가 세대 차이의 벽을 넘지 못했다. 아무리 세대 차이가 커도 외국인과의 문화 차이보다는 작았다. 하지만 스마트폰이 보급되기 시작한 2000년대부터는 이야기가 다르다. 손바닥만 한 스마트폰을 통해 전 세계가 같은 콘텐츠의 영화와 드라마를 보고, 같은 음악을 듣고, 내가 좋아하는 셀럽의 취향을 브이로그V-log를 통해 실시간으로 시청한다. 문화를 공유하게 되면 국적은 덜 중요하게 된다. 그래서 Z세대부터는 새로운 세대의 출현 시기에서 나라별로 시차가 없다. 동시다발적으로 출현한다. 글로벌 시대의 특질이다. 다시 말해, 한국의 Z세대는 우리나라 산업화 세대나 베이비부머 어르신보다 말레이시아나 미국의 Z세대와 사고방식에서 유사한 면이 더 많다.

가족에게서 배우는 것들

X세대는 세대 갈등의 딱 중간에 있다. 내가 자라온 환경에서

보듯 우리는 유교적 가치관이 강한 산업화 세대와 인권 의식이 강한 MZ세대까지 두루 경험했다. 가족 형태로 보자면 형제자매는 세 명 정도가 평균이었고, 이모와 고모, 할머니와 할아버지의 가족공동체가 살아 있었다. 예쁨받으려는 손주들의 치열한 경쟁도 세서, 일고여덟 명의 손주가 할아버지 할머니 앞에서 숨겨둔 재능을 꺼내 장기자랑 하는 풍경도 흔했다.

하지만 지금은 어떤가. 할아버지·할머니 세대와 손주 세대의 인구 비율이 뒤바뀌었다. 아이 하나가 놀이터에서 놀고 있으면 엄마·아빠, 할머니·할아버지가 움직이고, 어린이날이라도 되면 할머니·할아버지는 물론 이모와 고모, 삼촌 들까지 조카 한 명에게 선물 공세를 한다. 이 경우 어른 대 아이 비율이 무려 7 대 1이 된다.

대가족공동체가 살아 있었던 시절에 어린 시절을 거친 X세대는 인생의 어떤 지점을 자연스럽게 보고 배우게 되었다. 막내 삼촌이 여자친구와 헤어지고 집에 와서 밥도 안 먹고 잠도 못 자며 고통스러워하는 모습을 보면서 "이별이란 저렇게 쓰라린 거구나" 알게 되고, 누구에게나 탈락의 순간은 오게 되고 시간이 지나면 또 아물게 된다는 것을 대학 입시에 낙방한 형제자매를 보면서 자연스레 알게 된다.

그래서 X세대의 어린 시절은 사람들로 풍족했다. 인생 선배

×

서로 다름을 알아채고 인정하고 어우러지는

시대적 분위기를 만드는 것은

우리 사회가 한 단계 더 나아가기 위해 꼭 필요한 과정이다.

이것은 X세대에게 시대와 사회가 부여한 일종의 소명이다.

그들이 지닌 공감력과 포용력으로 충분히 해낼 수 있으리라 믿는다.

들과 인생 멘토들이 생각보다 가까운 곳에 있었다. 형과 싸우고 나면 삼촌에게 위로를 받았고 엄마에게 혼나면 할머니가 등을 도닥여주었다. 사는 게 만만치 않지만 그렇게 가족들로부터 위안받으면서 인생이란 원래 그런 것임을 알아가곤 한다.

핵가족 사회의 외동아이는 다르다. 자라면서 누군가가 이별하는 것을, 탈락하는 것을, 싸우고 화해하는 모든 과정을 가까이에서 본 적이 없으니 나만 힘든 것처럼 느껴진다. 물질적으로는 풍족했을지 몰라도, 복닥거리는 가족이 주는 인생의 지혜는 배우지 못한다.

세대 갈등의 중재자

사라져가는 대가족사회의 끝자락을 경험한 X세대가 꼭 해내야 하는 과업이 있다. 바로 서로 다른 세대의 중재자 역할이다. 대한민국의 갈등이 극심하다. 정파로, 지역으로, 남녀로, 그리고 세대로 갈기갈기 찢겨 있다. 소득 양극화는 더 심해지고 양극단만 힘이 세지는 극단주의가 환영받는 분위기다. 이런 상황에서 중요한 것은 중재자의 역할이다. 이쪽과 저쪽의 생각이 다르다면 양쪽을 객관적으로 바라보고 서로를 이해시키는 중재자가 필요하다. "이쪽 생각은 이래요. 성장 과정과 시대 상황이 이러해서 저러하게 생각할 수밖에 없는 측면이 있어요"라는 식으로 부드럽게 이어줄 수 있어야 한다. 이러한 중재자의 역할은 비단 조직에만 필요한 것이 아니다. 집안이나 사적·공적 모임에서도 매우 중요하다.

이 중재자 역할을 가장 공평무사하게 해낼 수 있는 세대가 바로 X세대다. 이은형 국민대 경영학부 교수는 X세대를 일컬어 "포용적 리더십을 가진 세대"라고 말한다. 그 이유는 첫째, 선배 세대와 후배 세대를 모두 이해하고 둘째, 젠더 갈등의 원인을 이해하며 셋째, 공동체의 가치와 개인의 자유를 모두 존중할 줄 아는 세대라는 것이다. 나는 이은형 교수의 분석에 전적으로 동의한다. X세대는 서로 다른 양 세대를 끌어안을 수 있는 역량을 지녔다. 다분히 가부장적이고 권위적인 분위기에서 성장한 5060 세대도, 다양성과 생명, 인권 감수성에 민감한 2030 세대도 이해할 수 있다. 2030과 5060은 서로를 향해 "도대체 왜 저럴까?"의 시선이 강하지만, 그 사이에 낀 X세대는 양 세대를 심정적으로 공감할 수 있다.

요컨대 X세대는 다른 인종이나 마찬가지인 두 세대의 중간에서 통역자 역할을 해야 한다. 2030 세대를 향해서는 "너희들의 마음 이해해. 그리고 그 방향이 옳아. 하지만 윗세대가 왜 저런 사고방식을 가지게 되었는지 한 번쯤은 이해하려 노력해보렴"이라는 공감과 제안의 몸짓이 필요하다. 5060 세대를 향해서는 "세상이 달라졌어요. 2030의 감수성은 이렇습니다. 그때는 아무렇지도 않은 것들이 지금은 문제의 소지가 될 것들이 많으니 섬세한 언어 감수성을 장착해야 갈등을 피할 수 있습니다"라는 이해와 통역의 몸짓이 필요하다. 서로 다름을 알아채고 인정하고 어우러지는 시대적 분위기를 만드는 것은 우리 사회가 한 단계 더 나아가기 위해 꼭 필요한 과정이다. 이것은 X세대에게 시대와 사회가 부여한 일종의 소명이다. 그들이 지닌 공감력과 포용력으로 충분히 해낼 수 있으리라 믿는다.

3장

새 시대의 첫 세대

디지털 첫 세대,
새 문명의 저항을 온몸으로 맞다

지잉~. 주머니에서 진동이 느껴졌다. 아직은 수업 중. 슬쩍 삐삐를 꺼내 책상 아래로 힐끔 내려다보니 '82821004'가 보인다. '빨리빨리 천사가.' 급한 것 같은데 어쩌나. 종 치자마자 달려가야겠군. 수업 종료 종이 울리고 교수님이 교실 밖을 나가시자마자 무섭게 자리를 박차고 뛰어나갔다. 하지만 역시 늦었다. 이미 공중전화 대기 줄은 30미터가 넘었다. 쉬는 시간 안에 전화하기는 틀렸군. 그렇게 우리는 종종 삐삐 때문에 수업에 늦고, 삐삐 때문에 소위 땡땡이를 쳤다. 넓은 캠퍼스에서 대기 줄 짧은 공중전화 찾아 삼만리 하다 보면 10분은 훌쩍 지나가버리기 일쑤였다.

휴대전화가 없던 우리들의 20대, 무선 호출기로 불리는 삐삐는 약속의 전령사였다. 모토로라와 파나소닉이 주류였던 삐삐는 흑백의 숫자 몇 개로 메시지를 전했다. 주로 전화 받을 번호를 남겨 호출용으로 사용하고, 때로는 그들만의 암호로 내밀한 고백을 전하기도 했다. 486은 사랑해(획수 기준, '사'는 4획, '랑'은 8획, '해'는 6획), 0404는 영원히 사랑해, 7942는 친구 사이, 1010235는 열렬히 사모 등의 뜻이었다. 여기저기 천사(1004)들이 출몰했다. 천사를 공인해주는 이는 아무도 없었지만, 스스로 천사를 자처하는 이들이 넘쳐났다. 가히 천사들의 전성시대였다.

삐삐는 기다림의 미학을 선물했다. 갑자기 연락할 일이 생기면, 테이블마다 전화가 있는 카페를 찾아갔다. 푹신한 소파에 앉아 삐삐를 쳐놓고 전화기가 울릴 때까지 기다린다. 짧으면 몇 분이지만 길게는 몇 시간 동안 기다리고 또 기다렸다. 행여 만남의 장소가 엇갈리기라도 하면 처음부터 같은 과정을 거쳐야 한다. 휴대전화가 없던 시절에는 전화가 올 때까지 그렇게 기다리는 것 외에는 방도가 없었다. 쿨의 노래 〈애상〉에 나오는 가사 "일부러 피하는 거니, 삐삐 쳐도 아무 소식 없는 너"라는 구절은 이런 시대의 애타는 풍경을 나름 심각하게 담고 있다.

강남역 뉴욕제과와 종로 타워레코드, 종로서적같이 찾기 쉬운 곳이 기다림의 랜드마크로 급부상했다. 1990년대 중반, 이 세 곳 앞에는 늘 목을 빼고 두리번거리면서 누군가를 애타게 기다리는 사람으로 북적였다. 이화여대 정문 앞은 '바보 스테이지'로 불렸다. 누군가를 하염없이 기다리는 이들로 꽉 찬 공간은 그 자체로 기다림의 무대였다.

삐삐는 가히 1990년대를 대표하는 신문물이었다. 1997년, 인구 4500만 시대에 무려 2000여만 명이 삐삐를 사용할 정도였다. 하지만 그해 정점을 찍은 삐삐는 PCS Personal Communication Services(개인 휴대 통신 서비스)의 등장과 함께 빠른 속도로 자취를 감추어가기 시작했다. 삐삐의 생명력은 짧았지만 우리들의 추억이 가득한, 주머니 속의 작은 파트너였다.

삐삐와 마이마이의 추억

X세대는 정보화의 첫 세대다. 1980년대 말부터 PC가 보편화되기 시작하면서 한컴오피스, 마이크로소프트 오피스가 보급되었다. 1995년에 다음커뮤니케이션이 설립되었고, 국내 최초 무료 웹메일 서비스인 한메일넷이 1997년에 개설되었다. 다음 Daum 카페는 1999년, 다음의 검색 기능은 2000년부터 서비스되었다.

당시 도스와 엑셀 사용법을 배우기 위해 컴퓨터 학원에 다니는 이들이 많았다. 심지어 나의 아버지는 한타(한글 타자)를 익히기 위해 컴퓨터 학원에 다니셨다. 한메타자교사의 게임 프로그램인 〈베네치아〉는 한타 속도를 쑥쑥 향상해주었다. 우리는 물의 도시 베네치아를 지키기 위해 비장한 마음으로 초집중했다. 베네치아 게임의 서사(?)는 이렇게 시작된다.

> 당신은 베네치아를 아십니까? 이탈리아 북부에 있는 아름다운 물의 도시 베네치아. (…) 서기 2020년. 오랜 세월 바닷물에 의한 침식과 부식으로 다른 건물들은 자취를 감추고, 화려했던 추억과 마지막 희망을 안은 채 하나의 탑만이 물 위에 남아 있습니다. 그런데 이 베네치아의 하늘에 '바이러스 군단'이 나타납니다. 하늘에서 떨어지는 이 바이러스들은 물속에 떨어지거나 탑에 떨어지는 순간, 탑을 지탱하고 있는 벽돌이 하나씩 깨집니다. 벽돌이 모두 깨지면 우리의 사랑과 희망을 지닌 마지막 탑마저 물속으로 사라지고 맙니다. "베네치아를 사수하라!" 이제 베네치아를 지킬 마지막 소망이 바로 당신의 손에 쥐어졌습니다. 바이러스를 막아 부디 베네치아를 무사히 지켜주십시오. 행운을 빕니다!

대학에서는 자필로 내던 리포트를 타자 버전으로 요구하는 교수님이 하나둘 늘면서, 학생들은 학교 앞 복사실의 한타 전문가 앞에 줄을 길게 섰다. 밀레니얼 세대 상당수는 구경도 못 했을 저장용 플로피 디스켓은 늘 지니고 다니던 필수품이었다.

1997년의 캠퍼스, 이어령 교수님의 교양과목 '한국인과 정보사회' 시간에 들은 강의 내용이 생각난다. 교수님은 "이메일이라는 것이 있다"라면서 "앞으로 몇 년 후에는 지구에 있는 모든 사람이 컴퓨터로 편지를 주고받게 될 것"이라고 예언자처럼 말씀하셨다. 한국에 사는 한국인이 아프리카에 사는 친구에게 보낸 편지가 몇 초 안에 도착할 것이라는 예시와 함께. 당시 그 수업을 들으면서 공상영화 같다고, 말도 안 되는 미래라고 생각했다. 그런데 SF 같던 교수님의 예언은 불과 몇 년 만에 그대로 현실이 되었다.

나는 1999년에 인생 첫 이메일 계정을 만들었다. 한 성실한 대학원 조교 선배 덕분이었다. 선배는 "너도 이메일 계정 만들어. 내가 도와줄게"라며 의자를 컴퓨터 앞으로 당겨왔고, 계정을 무엇으로 할지 물었다. 나를 가장 잘 설명해줄 수 있는 무언가를 계정으로 생각해보라고 했다. 얼결에 나는 "산타santa!"를 외쳤다. 고개를 갸웃거리는 선배를 보며 최대한 진지하고 멋진 표정으로 말했다. "누군가에게 산타 같은 존재가 되고 싶거든요." 그날부터 내 이메일 계정은 대부분 산타가 되었다. 그리고 2000년부터 본격적으로 이메일을 주고받기 시작했다.

디지털 첫 세대인 X세대는 디지털 리터러시digital literacy(디지털 문해력)를 필요에 의해 빠르게 습득해나갔다. 특히 모뎀과 연결된 인터넷 전화기를 사용하면서 받았던 천문학적인 전화요금 청구서를 기억하는지. 내 친구는 '삐삐삐~디잉디잉~' 식의 외계어 같던 인터넷 전화 연결음을 '엄마에게 등짝 맞던 소리'로 추억했다. 1999년에 등장한 동창 찾기 사이트 '아이러브스쿨iloveschool.co.kr' 또한 X세대가 빠른 속도로 디지털 리터러시를 갖추는 데 큰 역할을 했다.

권력 재배치의 한복판에서

디지털 혁명은 세상의 권력관계를 재배치했다. 애플이 2007년에 아이폰을 출시하면서 디지털 문명은 대대적인 지각변동을 하게 된다. 이 파급력은 어마어마했다. 스마트폰이 대중화되면서 일상 곳곳의 질서가 디지털 기반으로 재편되었고 직장에서 실력의 개념 역시 재정립되었다.

제조업 기반 시대에는 손에 오래 익을수록, 시행착오가 많을

수록 더 효율적이고 합리적인 아웃풋을 냈다. 연륜과 경험이 실력을 보장해주는 시대였다. 하지만 디지털 시대에는 그렇지 않다. 《디지털 네이티브》의 저자 돈 탭스코트Don Tapscott는 1980년대 이후에 태어난 N세대를 "역사상 최초로 윗세대를 가르치는 사람들"이라고 정의했다. 김경훈 한국트렌드연구소장은 《모모세대가 몰려온다》에서 "과거에는 망치질도, 자동차도 어른들이 더 잘했지만, 현재는 삶의 기본 도구가 모바일이 되다 보니 어른들보다 모바일 세대가 더 똑똑하다"라고 말했다.

X세대는 이 달라진 일의 질서에서 경계선에 놓여 있다. 한국에 인터넷이 본격적으로 보급된 것은 1990년대이니 이들 세대는 PC통신 1세대이기는 하지만 당시에는 보급 수준이었고 광범위하게 통용된 것은 아니었다. 네트워크가 일상 곳곳을 파고든 것은 스마트폰이 일반화되면서부터다. 이 시기에 20대를 보낸 밀레니얼 세대는 명실공히 포노 사피엔스로 불리면서 디지털 문명을 이끄는 주역으로 등장한다. 이를 통해 산업 주도권은 제조업 기반의 판을 움직이던 50~60대에서 스마트폰 기반의 30대로 이동하게 된다.

그 사이에 있는 X세대는 어느 쪽에 가까울까. 50~60대가 주도하던 제조업 기반 쪽일까, 아니면 새 판이 짜인 MZ세대의 네트워크 기반 쪽일까. 세대론 연구자들의 입장을 보면 전자가 우세해 보인다. 《포노 사피엔스》에서 최재붕 성균관대 교수는 X세대를 "제조업 기반 시장의 계승자"로 본다. "IT 기술을 활용해 대형화된 기업과 시장에 맞도록 기존 시스템을 수정·보완하면서 베이비부머 세대가 구축한 글로벌 시장 시스템을 더욱 정교하게 만드는 데 주력"해왔다는 이유다. 김용섭 날카로운상상연구소장 역시 《라이프 트렌드 2019》에서 비슷한 생각을 보인다. 다만 X세대 각각의 성향에 따라 양분된다고 이야기한다. X세대가 등장할 당시에는 베이비부머와 확연한 차이를 보였지만 X세대가 기성세대가 되면서 베이비부머의 입장에 가까워지는 것처럼, X세대 중 영포티로 진화한 소수는 밀레니얼 세대와 비슷한 경향을 보인다고 김용섭 소장은 분석한다. 중간에 끼어 있는 X세대의 일부는 베이비부머, 일부는 밀레니얼 세대의 질서를 닮아 있다는 것은 어찌 보면 당연한 결론이다.

장거리 선두는 왜 금메달을 따기 어렵나

김용섭 소장의 분석에서 밀레니얼 세대의 질서를 닮은 X세대에 주목할 필요가 있다. 이들은 추종자가 아니라 리더다. 즉, X세대가 밀레니얼 세대를 닮아간 것이 아니라 달라진 세계의 질서를 이끌었다고 보는 것이 맞다. 이들의 역할은 장거리 육상에서 맨 앞을 달리던 선수와 흡사하다. 선두가 된다는 것은 공기 저항을 이겨내야 한다는 말과 같다. 아무도 가지 않은 길에는 예측하기 힘든 장애 요소가 도사리고 있다. 선두가 이 저항들을 견디어내고 이겨낸 덕분에 후발주자는 비교적 편안하게 뒤따를 수 있다. 하지만 선두는 끝까지 1위를 유지하기 힘들다. 저항을 이겨내느라 너무 많은 힘을 썼기 때문이다. 선두의 희생으로 여분의 힘을 비축해둔 2위와 3위는 막판에 스퍼트를 낸다. 선두는 그렇게 종종 후발주자에게 따라잡히고 만다.

정보화 문명의 첫 세대였던 X세대. 이들은 IT 문명의 시행착오 세대다. 이들 중에는 20대에 IT 벤처회사 창립을 시도한 이들이 많고, PCS에 기반한 콘텐츠 연구에 뛰어들기도 했다. 하지만 운이 따라주지 않았다. 붐이 막 일기 시작한 벤처회사 중 상당수가 1997년 IMF 외환 위기라는 직격탄을 맞으면서 제대로 꿈을 펼쳐보지도 못한 채 접어야 했다. 또한 인류 문명을 바꿀 만한 발명품이라 할 수 있는 애플 아이폰이 등장하면서, 기존에 연구 중이던 모바일 디바이스나 개인형 서비스 분야의 성과들은 허무하게 무용지물이 되고 말았다.

제도 역시 따라주지 않았다. 지금이야 돈이 없어도 괜찮은 아이디어만 있으면 펀딩 플랫폼이나 투자회사를 통해 지원받을

X

X세대는 디지로그digilog 세대다.

윗세대는 아날로그 감성이 강하고 아랫세대는 디지털 감성이 강하다면,

이들 세대는 디지털과 아날로그를 한 몸에 지녔다.

디지로그 세대로서 X세대는

카멜레온처럼 상황에 따라 색을 바꿀 줄 알며,

수륙양용水陸兩用 가능한 하이브리드 세대의 특성을 보인다.

길이 널렸지만 그 당시에는 아니었다. 펀딩이라는 개념조차 희박했고 청년창업 지원제도도 남의 나라 이야기였다. 아무리 기발한 아이디어가 있어도 부모 돈이 없으면 시작조차 하지 못한 채 그대로 사장한 아이디어가 부지기수였다. 디지털은 속도전이다. 창업자금을 구할 길이 없어서 빛을 보지 못한 한국의 스티브 잡스들이 얼마나 많았을까.

디지로그의 힘

하지만 이런 시행착오가 X세대의 장점이 된 측면이 적지 않다. X세대는 카세트테이프의 시대를 지나 포터블portable 음향기기인 마이마이(삼성)와 워크맨(소니)을 보물처럼 다루며 학창시절을 보냈고, 지금은 스마트폰을 통해 멜론Melon, 스포티파이Spotify, 플로Flo 등의 플랫폼에서 구독 형태로 음악을 듣는다. 개인용 음향기기의 발전사를 몸으로 직접 겪어낸 이들은 아날로그 정서도 낯설지 않으며 디지털 문명을 받아들이는 데에도 거부감이 없다. 키오스크kiosk 앞에서도 머뭇거리지 않고 직관적으로 사용할 줄 안다.

요컨대 X세대는 디지로그digilog 세대다. 윗세대는 아날로그 감성이 강하고 아랫세대는 디지털 감성이 강하다면, 이들 세대는 디지털과 아날로그를 한 몸에 지녔다. X세대만큼 디지로그 감성이 충만한 세대는 앞으로도 다시는 출현하기 어려울 것이다. 디지로그 세대로서 X세대는 카멜레온처럼 상황에 따라 색을 바꿀 줄 알며, 수륙양용水陸兩用 가능한 하이브리드 세대의 특성을 보인다.

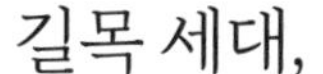

길목 세대,
그때는 맞고 지금은 틀린 시작점에서

한겨울 출근길, 지하철에서 있었던 일이다. 맞은편에 앉은 누군가의 힐끔거리는 시선이 느껴졌다. 아는 사람인가 싶어 보았는데, 모르는 청년이었다. 기껏해야 20대 중반이나 되었을까. 환승역에서 나를 따라 내렸다. 그러고는 가까이 다가오더니 나에게 말을 건넸다.

"저기요, 아까부터 보았는데 마음에 들어서요. 전화번호 좀 주시겠습니까. 저 이상한 사람 아닙니다."

속으로 피식 웃음부터 났다. 머플러를 둘둘 둘러 눈만 보여서 나이를 몰라본 것일까? 오늘 신은 롱부츠 하이힐이 젊어 보였나? 무어라고 답변을 할까? 말장난을 좀 칠까, 아니면 차갑게

무시할까? 그냥 애가 둘이라고만 할까? 2~3초간 수많은 생각을 하다가 자동 반사로 이렇게 흘리고 말았다.

"고맙습니다."

아차 싶었지만 마음의 소리가 먼저 나와버린 뒤였다. 흘러나와버린 마음의 소리가 무엇인지에 대해서는 나 자신도 해석이 필요했다. 지금 와서 해석해보자면 '내 나이에도 이런 고백을 받다니, 이거 너무 황공한 일이잖아!' 정도가 되겠지.

고맙다는 내 반응에 눈치를 챈 것일까, 아니면 가까이에서 자글거리는 눈가의 잔주름을 보아버린 것일까. 청년은 적잖이 당황했다. "네?"라며 되묻는 그에게 나는 다독이듯 말을 건넸다.

"애가 둘이에요. 어찌 되었든 관심 가져주어서 고마워요. 좋은 하루 보내세요."

청년은 더 이상 대꾸도 안 했고 따라오지도 않았다.

묘한 설렘을 안고 회사에 당당하게 출근해서 후배들에게 출근길 에피소드를 들려주었다. 그런데 승전고를 울리듯 신이 나서 시작한 말은 뒤로 갈수록 힘을 잃었다. 점점 싸한 반응이 느껴지는 것이 아닌가. "기분 나쁘지 않으셨어요?" "처음 본 남자가 전화번호를 물어보다니, 편집장님을 얼마나 만만하게 보았으면…." 후배들의 반응은 이러했다. 하지만 점심시간에 만난 선배들은 "오우~ 기분 좋았겠다" "아직 쏴라(살아) 있네!"라며 축하해주는 분위기였다.

외모 지상주의와 "저 이번에 내려요"

세대별로 판이한 반응에 얼떨떨했다. 30대 이하는 길거리 대시 상황을 부정적으로 바라보았지만 40대 이상은 다분히 낭만적으로 인식했다. 왜 이런 인식차가 생겼을까.

지하철 청년의 전화번호 감성에서 느껴지는 다양성을 해석하기 위해서는 20년 전 즈음으로 거슬러 올라가야 한다. "저 이제 내려요" 대사로 유명한 CF 시리즈가 생각나는가? 때는 1997년, 버스나 지하철에서 첫눈에 반한 낯선 이성에게 건네는 작은 고백의 사인이 바로 "저 이제 내려요"였다. 캔커피 '레쓰비'에서 만든 이 광고에는 당대 최고의 스타들이 출연했다. 1편에서는 전지현과 류시원이 버스 신을, 2편에서는 명세빈과 박용하가 지하철 신을 선보였는데, 공전의 히트를 치며 패러디 열풍이 일었다. 심지어 24년이나 지난 2021년, MBC 〈복면가왕〉에도 '저 이번에 내려요' 캐릭터가 등장했다('저 이번에 내려요'의 정체는 2002년생 래퍼 이영지였다).

레쓰비 광고는 외모 지상주의를 전제로 한다. 첫눈에 반하는 설정이 자연스러웠으며, "10분만 더 공부하면 아내 얼굴이 바뀐다"라는 카피의 또 다른 광고도 있었다. 이런 시대의 대표적 풍경이 미스코리아대회 중계다. 매년 미스코리아대회 중계 날이면 온 가족이 텔레비전 앞에 둘러앉아 "나는 ○번!"을 외치는 심사위원이 되었다. 파란색 수영복을 입고 워킹을 하는 장면에서는 다 같이 몸매 심사를 했고, 미용실 원장님의 자존심 대결이라는 소위 사자머리에 화려한 드레스를 입고 인터뷰하는 장면에서는 누가 누가 더 우아한 몸짓과 지적인 목소리를 가졌는지에 온 신경을 곤두세웠다.

미스코리아대회가 지상파를 통해 생중계된 역사는 짧다. 1972년부터 1989년까지 단 18년에 불과하다. X세대는 평생의 사고방식에 지대한 영향을 미치는 10대를 딱 이 시기에 보냈다. 자기만의 미적 기준이 생기기 전, 비현실적인 몸매를 의미하는 '36-24-36' 세 숫자의 조합을 미의 표준처럼 자연스럽게 받아들였고, 무릎을 사선으로 살짝 굽히며 인사하는 자태를 우아함의 전형으로 인식했다. 미스코리아대회 중계가 중단된 데에는 여성단체의 영향이 컸다. 미스코리아가 한국을 대표하는 미인으로서 인권 보호와 봉사활동에 앞장선다는 애초의 취지를 상실한 채 획일적 미의 기준을 강요하고, 여성을 상품화하며, 연예계 진출의 등용문으로 전락했다는 비판이 있었다. 1999년 안티

미스코리아 운동이 시작되면서는 미에 대한 기준을 두고 다양한 담론이 생기기 시작했고, 타고난 그대로를 인정해주어야 한다는 인식이 강하게 퍼져나갔다.

여성운동은 기본적으로 인권 운동에 뿌리를 두고 있다. 안티미스코리아 운동의 외피는 '여성의 성 상품화' '획일적인 미의 기준' '여자라는 이유만으로 행해지는 차별' 등에 반대하는 구호를 입고 있다. 하지만 사람은 누구나 제각각 소중하며, 그렇기 때문에 남성이든 여성이든 아이든 어른이든 장애인이든 비장애인이든 타고난 조건으로 인해 차별받지 말아야 한다는 인권 의식이 근저에 깔려 있다. 그 연장선에서 외모 지상주의에 대한 비판도 강하게 일었고, 비쩍 마른 백인 모델 일색이던 런웨이에 빅사이즈, 흑인, 동양인, 작은 키, 시니어 모델 등 다양한 신체 조건을 가진 모델들이 2000년대 들어서 등장하기 시작했다.

운명적 사랑에 대한 낭만적 설렘?

2016년 5월 17일에 일어난 강남역 화장실 살인 사건은 공감대를 점점 넓혀가던 여성운동의 도화선이 되었다. 당시 가해자인 34세 남성과 피해자인 23세 여성은 서로 일면식도 없던 사이. 남성은 피해망상증 환자였다. 평소 조현병을 앓고 있었고 약도 복용하고 있었다. 그는 범죄 이유에 대해 횡설수설했는데, 가장 많이 한 말은 "여성들이 나를 무시했다"였다.

아무 잘못 없이 무참히 희생당한 여성을 추모하는 열기로 강남역 10번 출구는 무척 뜨거웠다. 추모 메시지를 적은 포스트잇이 한쪽 벽을 꽉 메울 정도였다. 이후 새로운 논쟁이 생겼는데, 이 사건을 여성 혐오 범죄로 볼 것인지에 대한 찬반양론이 격하게 일었다. 여성 혐오 범죄라는 입장에서는 "여자라서 당했다"라는 사실을 중점적으로 보았고, 여성 혐오 범죄로 보기 어렵다는 입장에서는 "(사회적 약자인 여성이어서 당한 것은 맞지만) 혐오 범죄라고 단정 짓는 것은 본말이 전도되는 격"이라며 여성 혐오 범죄라는 용어로 단정 짓는 것을 조심스러워했다. 없던 개념이 명명되면 이로 인해 오히려 성性 간 대결 구도가 격화될 것을 우려한 것이다. 하지만 결과적으로는 반대론자들의 이 말이 오히려 남녀 간 대립을 부추기고 말았다.

이 사건 이후로 표면 아래에서 마그마처럼 부글부글 끓고 있던 젠더 이슈가 용암처럼 폭발했다. 한남충, 맘충, 김치녀 등 성을 지칭하는 말에 혐오 표현을 덧붙이며 대결 양상이 격화되어 갔다. 남성에게 받은 혐오를 되돌려준다는 명목으로 강성 페미니즘 커뮤니티들이 생긴 것도 이즈음이다. 이후 2017년에 발생

한 이른바 '곰탕집 사건'은 펜스룰pence rule의 촉매제가 되었다. 대전의 한 곰탕집에서 한 남성이 협소한 공간을 지나다가 여성을 성추행했다는 시비가 붙었는데, 이 사건은 국민적 관심사로 확장되었다. CCTV에 찍힌 장면만으로는 진실을 알아내기 어려웠고, 보는 사람마다 제각각 탐정이 되어 갑론을박했다. 각도와 지나가는 속도를 분석하며 성추행이 맞다 아니다 찬반양론이 거셌는데, 이는 성별로 나뉘는 경향이 컸다. 남성들은 대개 "1.33초 만에 어떻게 성추행을 하느냐"라는 입장이었고, 여성들은 "피해자의 즉각적인 반응으로 보았을 때 성추행이 맞다"라는 목소리가 강했다. 그리고 이런 분위기 이후 남성 일각에서는 "여성이라면 무조건 가까이 가지도 말자"라는 펜스룰을 내세우게 되었다.

2010년대를 뒤흔든 이런 사건들은 청춘남녀 서로를 바라보는 시선을 바꾸어놓았다. 잠재적 연애 상대라는 낭만적 시선은 희석되었고 서로를 적대시하면서 거리를 두기 시작했다. 더 심하게는, 여성에게 남성은 잠재적 범죄자, 남성에게 여성은 잠재적 무고죄의 범죄자로 보는 시선도 일부 존재했다. 연인 사이에서도 민감한 사안이었다. 젠더 이슈에 대해 말다툼하다가 이별했다는 연인들 이야기가 여기저기에서 들려왔다.

바라만 보아도 콩닥거리던 설렘의 대상으로서의 청춘남녀

는 당분간 존재하기 힘들지 모른다. 무작정 다가가 "저어기, 전화번호 좀" 하거나 마음에 드는 이성이 지나가는 타이밍에 딱 맞추어서 물건을 떨어뜨리는 우연을 가장한 상황은 드라마 패러디에서나 나오는 장면이 되고 있다. 첨예한 성 인지 감수성을 얻었고 운명적 사랑에 대한 낭만적 설렘을 잃었다. 세상이 달라졌다. "열 번 찍어 안 넘어가는 나무 없다"라는 속담을 철석같이 믿으며 짝사랑을 포기하지 않았다가는 큰코다친다. 스토킹 범죄로 경찰에 신고당할 확률이 높다.

세대별 성 인지 감수성

X세대는 '그때는 되고 지금은 안 되는' 것들의 시작점에 있는데 대표 분야가 바로 젠더 이슈다. 10년 전만 해도 농담처럼 넘어갔지만 더 이상 용인되지 않는 상황이 많다. 대표적인 것이 외모 평가다. 2010년까지만 해도 "예쁘시네요" "잘생기셨어요" "날씬하십니다" "얼굴이 CD만 해요" "남자한테 인기 많겠어요" 등의 표현을 아무렇지 않게 썼고, 듣는 이도 칭찬으로 받아들였다. 처음 만나는 사이에서는 외모에 대한 칭찬을 통과의례처럼 하는 분위기도 있었다. 하지만 달라졌다. 심지어 배우에 대해서

도 대놓고 외모 평가를 하는 것은 조심스러운 분위기가 되었다. 이렇게 갑자기 달라진 성 인지 감수성에서도 X세대는 낀 세대 입장이다. 40대가 되어서야 30대의 성 인지 감수성을 보고 배우는 것은 윗세대나 X세대나 마찬가지다. 교육 현장에서 배운 페미니즘 구호는 머나먼 구호일 뿐 일상 용어는 아니었다.

상황이 이렇다 보니 나 같은 X세대 여성들은 심경이 복잡하다. 이들이 30대를 보낼 때까지 숱하게 들어온 말들이 사실은 성희롱으로 간주될 수 있다는 것을 뒤늦게 깨닫는 상황이 많기 때문이다. 젊은 여성이라는 이유로, 원하지 않는데도 불구하고 자신보다 직위가 높은 남성의 옆에 앉는 것이 예의처럼 여겨지는 분위기가 있었고 러브샷을 강요당하는 상황도 많았다. 불편하고 불쾌해도 그저 참아야 했다. 그것이 직장 생활이고 사회생활이라는 분위기였지 성희롱으로 인식되는 분위기는 아니었기 때문이었다.

회사에서는 주기적으로 직장 내 성희롱 예방 교육을 실시한다. 언제부터인가 온라인 교육으로 바뀌었지만 몇 해 전까지만 해도 넓은 강당에서 단체로 교육을 받았다. 그럴 때 예시로 나온 성희롱 사례에 대해 세대별로 반응이 엇갈렸다. 30대 이하에서는 당연히 성희롱으로 받아들이는 상황이 40대 여성부터는 "저 정도 일로 성희롱 신고를 한다고?"라는 반응이 흔했다.

50대 이상 여성들의 성 인지 감수성은 40대 여성의 그것보다 훨씬 둔감한 편이다. 둔감한 성 인지 감수성은 어쩌면 그 세대 여성들이 직장에서 살아남기 위해 자기도 모르게 장착하게 된, 보이지 않는 무기일 수도 있겠다는 생각이 든다. 여성 직장인이 흔하지 않던 시절, 성 인지 감수성이 예민한 여성이라면 남성 위주의 조직에서 불편한 상황이 많았을 것이다. 말하자면, 50대 이상 여성들의 둔감한 성 인지 감수성은 남성 위주의 조직 문화가 낳은 원인이자 결과일 수 있다.

성희롱 상황이 발생했다고 하자. 이 경우 세대별 인식 수준과 반응은 제각각 다르다. 2030 세대는 즉각적으로 인지하고 부정적 반응을 보일 것이다. 상황에 따라 신고나 고소로 갈 수도 있다. 하지만 50대 이상 여성은 내내 농담처럼 들어온 말이기에 성희롱 상황으로 인식하지 못하고 넘겨버릴 확률이 높다. 그렇다면 X세대 여성은 어떨까? 성희롱 상황이라는 점은 인지하지만 신고나 고소까지 가는 경우는 많지 않다. 기분은 나쁘지만 '이런 상황도 성희롱이 될까?'가 여전히 혼란스럽기 때문이다.

뒷수습 세대의 잠재력

성 인지 감수성은 특히 시대의 공기에 영향을 많이 받는다. 2030 세대는 성 인지 감수성을 사회문제로 인식하지만 50대 이상 세대에게는 그저 당사자들의 문제라는 분위기였다. 성 인지 감수성뿐 아니라 상당 부분이 그랬다. 사회가 고도화되면 범죄자를 바라보는 시각이 달라진다. 개인 문제로 치부해버리던 많은 부분이 사실은 사회구조 문제에서 기인함을 알게 된다.

연쇄살인범을 바라보는 시선이 대표적이다. 2003년부터 약 1년간 무려 20명을 살해한 유영철만 보아도 그렇다. 당시 유영철의 범죄 원인을 사회구조적 시각으로 바라보는 사람은 극히 적었다. 대부분 성장 과정에서 기인한 개인적인 문제로 치부해 버렸다. 하지만 지금은 어떤가. 잔혹 범죄를 저지른 개인을 입체적으로 바라보려는 시도가 활발하다. 성장 환경 등 개인적인 문제는 물론 입시와 취업 등 제도 문제, 성차별과 직장 내 권력관계까지 파악해 사건의 근본 원인을 알아내려 한다. 선진사회로 나아가기 위해 필수 불가결한 과정으로서, 긍정적인 징후다.

이렇게 확 달라진 세상에서 X세대에게 필요한 자세는 인정과 수용이다. 용수철로 점프하듯 확 달라진 사회 분위기를 인정해야 한다. 그리고 기득권을 누릴 차례가 되었지만, 세상이 달

X세대는 조직에서 총알받이와 뒷수습 역할을 해왔다.

이 말은 관점에 따라 긍정적인 맥락으로 해석된다.

총알받이 세대라는 것은 온몸으로 문제의 소지를 막아냈다는 뜻이고 뒷수습 세대라는 것은 위아래 세대가 일으킨 문제를 합리적으로 해결할 만한 역량을 갖추었다는 뜻도 되기 때문이다.

라졌기 때문에 과거 기성세대가 누리던 기득권을 이제는 누릴 수 없게 된 현실임을 담담히 수용하는 것이 먼저다. 그렇지 않고 '왜 하필 우리 세대에 와서 이렇게 된 것일까' 하는 식으로 현실을 한탄하는 자세를 버리지 못하면 한 걸음도 나아갈 수 없다.

변화한 사회 분위기를 눈 딱 감고 과감하게 인정하고 수용한 뒤에 긍정 마인드를 가지면 새로운 것들이 보인다. 앞서 언급했듯, X세대는 조직에서 총알받이와 뒷수습 역할을 해왔다. 이 말은 관점에 따라 긍정적인 맥락으로 해석된다. 총알받이 세대라는 것은 온몸으로 문제의 소지를 막아냈다는 뜻이고 뒷수습 세대라는 것은 위아래 세대가 일으킨 문제를 합리적으로 해결할 만한 역량을 갖추었다는 뜻도 되기 때문이다. X세대는 달라진 세상의 질서를 가장 먼저 맞이하는 세대다. 혼란을 수습하고 정리해 더 나은 방향으로 이끄는 화합과 공존의 리더십이 이들 앞에 놓인 또 하나의 과제다.

돛단배 세대,
적응의 달인이 되다

나는 수학능력시험(수능) 1세대다. 1993년, 최초이자 유일하게 1·2차 두 차례 치러진 수능의 희생양이었다. 수능시험 1차는 한여름인 8월에, 2차는 한겨울인 11월에 보았다. 입시 성적 산출은 특이하게도 두 번의 수능시험 중 높은 점수를 제출하는 방식이었는데 당시 출제자들이 난이도 조절에 처참하게 실패했다. 1차는 물수능이었고 2차는 불수능이었다.

첫해 수능은 "대학에 진학할 수 있는 수학修學 능력을 평가한다"라는 수능의 취지대로 아이큐IQ 테스트에 가까운 면이 많았다. 대부분은 문제와 지문에 답이 있었다. 기초 지식이 부족하거나 교과서를 달달 암기하지 않아도 맞힐 수 있는 문제가 많았다.

시험 후 희비 쌍곡선이 엇갈렸다. 성실한 암기족들은 점수가 엉망이었고, 게으른 천재과는 쾌재를 불렀다.

전자에 가까운 나는 여름에 치른 1차에서 폭망하고 말았다. 고3 여름과 가을을 그렇게 죽상으로 다니다가 겨울에 치른 2차에서는 나름 성적이 괜찮게 나왔다. 점수는 크게 오르지 않았지만, 2차 점수가 더 높은 사람은 주위에서 나밖에 없었다. 백분율 석차로 따지자면, 1차 수능 점수에서 20여 점 높은 점수를 받은 응시자와 비슷한 수준이었다. 하지만 소용없었다. "저는 이게 2차 점수라고요!" 하면 당시 상황을 아는 사람들은 대단해했지만 정작 입시에서는 무용지물이었다. 나의 재수 생활은 그렇게 시작되었다.

이런 이상한 대입 제도는 바로 그다음 해에 사라졌다. 1976년생부터는 연 1회 수능으로 바뀌었고, 이 제도는 지금까지 이어지고 있다. 1975년생인 우리는 그렇게 단군 이래 유일하게 수능을 두 번 치른 슬픈 희생양으로 남았다.

당시 대입 입시의 당락을 좌우하는 것은 내신과 수능 점수였다. 면접이 있기는 했지만 인상 비평에 가까웠고 반영 비율도 미미했다. 수능 점수만으로 평가하는 특차 전형도 있었다. 최근 입시로 보자면 수능 우수자 전형과 비슷한 개념이다. 다른 점이 있다면, 본고사 전에 치러진다는 점, 그리고 특차에 일단 합격하면 다른 대학에 일절 응시할 수 없다는 점이다. 이 역시 얼마 가지 않아 폐지되었다.

수능 첫 세대의 비애

X세대에게 대학 입시는 혼란 그 자체였다. 수능 초창기에 대학 입시를 치른 이들은 대체로 둘 중 하나다. 억울하거나 운이 좋거나. 정원이 존재하는 대학 입시에서는 누군가 혜택을 보면 누군가는 손해 보게 되어 있다. 공정한 평가 시스템을 제대로 갖추지 못한 입시 제도는 선량한 피해자와 딱 그만큼의 행운아를 배출했다. 특히 수능 첫해인 94학번의 경우 서울 주요 대학에서 미달 사태가 속출하는 바람에 소신 지원 그룹이 대거 합격하는, 그야말로 인생 로또 행운을 누리는 이들도 꽤 되었다. 교수들은 "94학번처럼 학력 격차가 큰 경우는 처음 본다"라고 했다. 말도 많고 탈도 많은 입시 제도였지만 좋은 점도 있다. 바로 마지막 '개천용'의 시대라는 점이다.

1997년, 대입에 수시 입학 전형이 도입되면서 지방 개천용의 상당수가 사라졌다. 점점 개선되고 있지만 수시는 문화 자본이 풍족한 명문고 학생에게 유리한 측면이 많다. 다양한 경험을 할

수록 소위 자소설로 불리는 자기소개서가 풍부하고 아름다워지기에, 먹고살기에 급급한 부모를 둔 이들에게 수시, 특히 학생부 종합 전형(학종)은 불리할 수밖에 없다.

수시 전형 탄생 이전의 단순한 입시 제도는 방황을 허락했다. 고2 때까지 팽팽 놀아도 막판 역전이 가능했고 내신에서 실수해도 그다지 치명적이지 않았다. 고교 입시도 마찬가지다. 당시만 해도 일반고가 대부분이었고 특목고(특수목적고등학교)가 몇 개 되지 않았다. 외고는 몇 개 있었으나 글로벌 인재를 꿈꾸는 극소수의 이야기였고 대부분의 학생에게는 상관없는 일이었다. 어느 고등학교에 진학할지에 대한 큰 고민이 없는 중학생에게는 '방황의 자유'라는 특권이 주어졌다. 방황은 성장을 위한 필수 과정이다. 당시에는 죽을 것처럼 힘들고 고통스러워도 그 과정을 회피하지 않고 온전하게 치러낸 이들은 결국 자기 자리를 찾아가게 되어 있다.

하지만 고교 서열화 세대는 다르다. 2000년에 영재교육법이 시행되면서 특목고가 우후죽순으로 생기기 시작했다. 그리고 이렇게 늘어난 학교들은 자연스레 서열화되어 영재고, 과학고, 외고, 전국 자사고, 광역 자사고 순으로 줄을 세우게 되었다. 영재고는 "재능이 뛰어난 영재들을 위한 특수 목적의 학교"라는 애초의 설립 취지를 잃고 그저 '공부 잘하는 학생들이 가는 학교'로 여겨지는 분위기이고, 영재고에 떨어지면 과학고에 응시하는 것이 매뉴얼처럼 되어가기도 했다. 고교 서열화는 학생들을 선행 학습 지옥으로 내몰았다. 영재고 입시를 치르려면 초등학교 때 고등수학과 고등과학을 최소 한 바퀴 돌려야 한다는 말은 정설처럼 자리 잡았다.

원하는 고교에 진학하기 위해 피 튀기는 경쟁의 대열에 들어선 이들에게 방황의 자유는 사치로 치부되기에 십상이다. 내면이 혼란스럽거나 사춘기 질풍노도의 시기를 맞아도 마음껏 방황할 시간이 주어지지 않는다. 경쟁자들을 이기기 위해 당장 눈앞에 있는 진도를 빼기 여념이 없는 현실이 되고 만다.

꿈을 강요받지 않은 세대의 기쁨

초창기 수시의 가장 큰 특징 중 하나는 자기소개서다. 당시 수시에서는 내신만큼 자기소개서가 비중 있게 평가되었는데, 자기소개서를 일찌감치 쓰기 시작한 세대와 그렇지 않은 세대 사이에는 큰 차이가 있다. 자기소개서의 핵심은, 나의 꿈은 무엇이고 그 꿈을 이루기 위해 내가 어떤 노력을 해왔는지를 밝힘으로써 나의 강점 지능을 증명하는 것이다.

고교 서열화 세대인 밀레니얼 세대 중에는 중학교 때부터 자기소개서를 작성하는 학생이 꽤 된다. 그리고 대학과 지역 교육청, 각급 학교별로 생기는 영재원, 영재교실 또한 자기소개서를 요구한다. 영재원은 "타고난 영재들의 재능이 일반교육을 받으면서 꺾이거나 훼손되지 않도록"이라는 취지로 초등학교 때부터 운영된다.

다시 말해, 초등생부터 자기소개서를 쓰거나 자기소개서에 해당하는 질문을 면접에서 받게 된다. 자기소개서에 노출된 세대는 어찌 되었든 자기 이해가 깊을 수밖에 없다. 초등학교 때부터 내가 무엇을 좋아하고 무엇을 잘하며 내 꿈을 이루기 위해 어떤 노력을 해왔는지를 글로 써가는 과정은 곧 나다움을 찾는 과정에 해당한다. 외부로 향한 시선을 거두고 내면으로 향하게 한 뒤 끊임없이 '나는 누구이고, 무엇을 좋아하는지'를 묻고 답을 찾아가게 된다.

X세대까지의 교육과정에서는 이 부분이 강조되지 않았다. 대학에서 해당 전공을 택한 이유를 물으면 열에 아홉은 이렇게 답한다. "고3 때 점수에 맞추어서 갔다"라고. 그러고는 꼭 덧붙인다. "그때는 다 그랬잖아요"라고. 맞다. 그런 시대였다. 고3이 되도록 자기 꿈을 명확하게 말할 수 있는 이가 거의 없었고, 대학 졸업반이 되어서도 꿈이 불명확해서 학과 게시판에 붙은 '인

력 구함'을 기웃거리며 여기저기 원서를 넣어보곤 했다.

하지만 비非 자기소개서 세대, 즉 꿈을 강요받지 않은 세대의 큰 장점도 있다. 바로 적응력이다. '이 일 아니면 안 되는' 일이 없었으니 이 일 저 일을 닥치는 대로 해보면서 업무 스킬을 다져나가게 된다. 전공과 무관해도 일단 해보면서 적응해나간다. 마음이 미래에 있지 않고 현재에 있는 셈이다. 행복의 요건 중 하나는 '지금, 여기'를 사는 것이다. 그 점에서 X세대는 자신이 처한 객관적 상황과는 무관하게 행복을 느낄 가능성이 큰 세대라고 할 수 있다.

나 역시 그랬다. "원래 꿈이 기자였나?"라는 질문을 받을 때마다 난감하다. 기자단 앞에서 진로 특강 같은 것을 할 때가 특히 그렇다. '사회정의 실현을 위해서 투철한 직업적 사명감을 품고 기자가 되기 위해 일분일초도 허투루 쓰지 않았다'라는 식의 근사한 말을 들려주고 싶은데 사실상 나의 인생은 그렇게 멋지게 포장할 수 있는 부분이 없기 때문이다.

고백하자면, 나는 대학교 졸업 때까지 단 한 번도 기자가 되고 싶다고 생각해본 적이 없다. 교사, 심리학자 등 수시로 꿈이 바뀌었지만 기자는 내 장래 희망 목록에 없었다. 지금 와서 생각해보면 교사나 심리학자, 기자는 모두 시선이 타인과 사회를 향해 있다는 점에서 공통점이 크다는 것을 알겠다. 기자가 된 것은 순전히 친구 때문이었다. 친구 따라 강남 간다고, 친구가 다니는 회사에 나란히 다니고 싶어서 원서를 넣었다. 그때만 해도 첫 직장에서 이렇게 장기근속을 할 것이라고는 생각하지 않았다. 그저 '재미있을 것 같아서' '새로운 경험을 하고 싶어서' 시작한 일이었다.

돛단배가 성실성과 책임감을 장착하면

다만 '최선을 다하는 돛단배'에 비유해 설명할 수 있겠다. 인터뷰 기자로서 다양한 분야에서 일가를 이룬 사람들을 만나며 깨달은 법칙이다. 인생은 계획대로 되지 않는다. 이것은 진리다. 생각보다 훨씬 더 강한 진리. 무언가를 이룬 것처럼 보이는 사람은 크게 과녁형과 돛단배형 두 부류로 나뉜다. 전자가 저 멀리 단 하나의 간절한 꿈을 향해 앞만 보면서 달리는 유형이라면, 후자는 간절한 꿈이 없이 흐르는 물에 나를 맡기고 현재를 즐기는 유형이다.

과녁형 인간은 생각보다 많지 않다. 설령 있다고 해도 대다수는 행복해 보이지 않는다. 그토록 원하던 과녁의 정중앙을 뚫고도 자신이 목표를 이룬지도 모른 채 또 다른 과녁을 향해 쉬지

×

무언가를 이룬 것처럼 보이는 사람은

크게 과녁형과 돛단배형 두 부류로 나뉜다.

전자가 저 멀리 단 하나의 간절한 꿈을 향해

앞만 보면서 달리는 유형이라면,

후자는 간절한 꿈이 없이 흐르는 물에 나를 맡기고

현재를 즐기는 유형이다.

않고 달리곤 한다. 목표 중독의 전형이다. 마음이 현재에 있지 않고 늘 미래의 '그 날'을 위해 살고 있으니 불안한 에너지를 풍기게 되고, 친구 만나는 시간을 낭비처럼 여기니 진정한 친구를 두기도 쉽지 않다. 몸은 몸대로 고단하면서 외로운 인생을 살게 된다.

돛단배형 인간은 다르다. 현재에 시선을 고정하고 지금 이 순간의 행복과 즐거움을 놓치지 않는다. 그렇다고 돛단배형 인간들이 그저 둥실둥실 즐기는 것만은 아니다. 돛단배형 인간 중에도 높은 성취를 이룬 사람들이 적지 않은데 이들에게서 몇 가지 공통점을 발견할 수 있다. 첫째, 매사에 최선을 다하는 성실성을 갖추었다. 둘째, 주어진 일을 끝까지 해내는 책임감이 투철하다. 셋째, 새로운 분야에 대한 호기심이 왕성하다. 현재를 즐길 줄 아는 여유 있는 돛단배형 인간이 성실성과 책임감을 갖추면 그야말로 게임 끝. 매력과 더불어 신뢰 자본을 갖추게 되니 어디를 가나 인정받고 함께 주변에는 사람들로 넘쳐난다.

마음껏 방황하면서 문화를 누린 X세대 중에는 최선을 다하는 매력 있는 돛단배형이 많다. 하지만 모든 면에는 양면성이 있다. 앞서 언급했듯 꿈을 강요받지 않았다는 것은 바꾸어 말하면 자기 탐색이 충분하지 않았다는 말도 된다. X세대는 MZ세대에 비해 '나다움 탐색의 지각자'들이다. 나다움을 일찌감치 고민한

MZ세대는 진로는 물론 경제관념 등에 대해 조숙하지만 X세대는 그런 고민이 필요 없는 분위기에서 학창 시절을 보냈다. 40대가 되어서도 여전히 피터팬처럼 철없어 보이는 X세대가 많은 데에는 이런 이유가 크다.

직장맘 세대,
내 이름으로 사는 여성들의 대거 등장

나는 우리 회사 여기자 육아휴직 1호다. 불과 10년 전 즈음 일인데도 육아휴가가 아닌, 육아휴직은 흔하지 않았다. 아빠 육아휴직은 뉴스감이었고, 육아휴직을 하면 간 큰 직원이라는 분위기가 암암리에 있었다. 그럼에도 나는 '간 큰 직원'을 자처해야만 했다. 그만큼 육아휴직이 절실했다. 둘째가 초등학교 입학을 앞둔 시점에서 엄마 자리를 양보할 수 없다고 판단했다. 선배 맘들은 "엄마 손이 꼭 필요한 시간은 기다려주지 않는다"라고 한결같이 조언하면서 그 시기는 일생에 세 번 온다고 했다. 첫 번째는 태어난 직후부터 36개월까지, 두 번째는 초등학교 1학년, 세 번째는 고3.

많이도 울었고 자책도 많았다. 직장맘이라는 자리가 그랬다. 꼭 필요한 자리에 있어주지 못할 때가 많았는데 그때마다 죄인처럼 느껴졌다. 아이가 감기에 걸려도, 하교하다가 넘어져서 다쳐도, 친구와 싸워도 모든 것이 다 엄마가 집에 있어 주지 못해 생긴 문제 같았다. 연차 절반 이상을 아이로 인해 써도 모자랐다. 한 달에 한 번 급식 도우미, 두 달에 한 번 녹색 도우미, 중간 중간 학부모 총회, 부모 참관수업…. 해도 해도 채워주지 못한 엄마의 자리였다.

둘째가 초등학교에 입학하던 2014년, 큰마음을 먹고 6개월 육아휴직 신청서를 썼다. 1년 휴직은 엄두조차 못 내고 겨우 용기를 내서 6개월간 휴직하기로 마음먹었는데, 그 6개월이 마치 6년처럼 아득하게 느껴졌다. 신청서를 써두고 일주일 넘게 책상 서랍에서 꺼내지 못했다. 그만큼 겁이 났다. 6개월간의 공백 이후 감을 잃으면 어쩌나, 나 대신 지면을 메워야 하는 동료와 선후배에게 미안해서 어쩌나 하는 생각으로 머리가 지끈거렸다. 애쓰며 지켜온 직장맘이라는 자리를 영영 잃어버릴 것 같은 두려움도 컸다. 책상을 잃어버리는 꿈도 꾸었다. 달랑 한 장짜리 휴직계에 사인을 받으러 가는 길, 5미터 거리가 100미터처럼 길게 느껴졌다. 휴직계를 내고 돌아서는데 자꾸만 눈물이 고였다. 하지만 꿀꺽꿀꺽 삼켰다. 약해 보이고 싶지 않았다.

여기자 육아휴직 1호입니다

지금 와서 생각해보면, 태어나서 가장 잘한 선택 중 하나가 육아휴직이었다. 6개월로는 턱없이 모자라 6개월을 연장해 결국 1년 휴직을 꽉 채웠다. 그렇게 1년간 두 아이와 잊지 못할 추억들을 쌓았다. 내가 간절히 해보고 싶었던 것은 평일의 소소한 일상이었다. 학교 정문 앞에서 기다리다가 아이가 달려오면 와락 안아주기, 집에 오는 길에 작은 가게에 들러서 아이스크림 하나씩 먹으며 도란도란 이야기 나누기, 평일에 미술관과 서점에 가서 한적한 시간 보내기 등. 1학년이 된 둘째를 위한 휴직이었는데 의외로 첫째가 더 좋아했다. "엄마가 집에 있으니 콧노래가 저절로 나와요"라고 했다. 가끔은 하교 시간에 배가 아프다면서 전화를 해왔다. "엄마가 데리러 와야겠어요" 하고. 막상 가서 보면 말짱했다. 첫째는 씩 웃으며 "엄마가 데리러 오는 친구들이 부러웠어요"라고 말했다.

시간이 없어서 감당하지 못한 동물 친구들도 들였다. 달팽이, 판다마우스, 철갑상어, 사슴벌레, 장수풍뎅이…. 동물의 왕국이 된 우리 집은 아이 친구들에게 인기가 많았고, 덕분에 늘 꼬마 손님들로 북적였다. 느림보 달팽이 '터보'는 300개가 넘는 알을 낳았는데 알이 하나도 남김없이 부화했다. 그래서 꼬물거리는 아기 달팽이들을 꼬마 친구들에게 분양해주었다. 그 이후로 큰 아이의 별명은 '달팽박사'가 되었다.

하지만 복직을 앞두고 또다시 고민의 시간이 닥쳤다. 퇴사를 생각하지 않을 수 없었다. 아이들을 두고 다시 회사를 출근하려니 쉽지 않았다. 복직 시기가 다가올수록 아이들 얼굴만 보면 그렇게 눈물이 흘렀다. 고민의 8할은 '나 아니면 안 되는 엄마의 자리'에 대한 것이었다. 이 아이들의 엄마는 나밖에 할 수 없는데 기자 역할은 나보다 더 잘하는 사람이 많으니 나 아니면 안 되는 일에 집중하는 것이 맞지 않을까 싶었다.

사람들이 자주 범하는 무례가 있다. 개개인의 성정과 상황을 고려하지 않은 채 자기 생각을 마치 정답인 양 이래라저래라 조언하는 행위. 나 역시 그들만의 정답지를 귀 아프게 들었다. 퇴사파 쪽에서는 아이를 볼모로 꼬드겼다. 아이에게는 엄마가 옆에 있어야 한다, 직장맘의 아이는 척 보면 티가 난다, 얼마나 부귀영화를 누리려고 이렇게 사랑스러운 아이들을 떼놓고 출근하느냐는 둥. 복직파의 논리도 만만치 않았다. 여자는 직장이 있어야 한다, 힘들게 대학원까지 나와서 주저앉으려 하느냐, 지금 퇴사하면 영영 기회가 없을 거라는 둥.

그 누구도 "너는 어떤 사람이야?"라고 묻지 않았다. 정답은 상황이 아니라 사람에게 있다. 누군가는 전업맘으로 살아도 충분히 만족스럽지만 다른 누군가는 자신의 이름으로 일을 해야만 한다. 나는 후자다. 내 이름으로 일하지 않으면 안 되는 사람 쪽이었다. 아이들이 눈에 밟혔지만 이를 악물고 복직했다. 그만큼 몸과 마음은 고단했다. 회사에서는 "직장맘이라서 그래"라는 말을 듣지 않으려 더 치열하게 일했고, 아이들에게는 빈자리가 느껴지지 않도록 온몸으로 반응해주었다. 돌아보면 단 한순간도 복직을 후회해본 적이 없다. 그리고 무엇보다, 아이들은 어른들의 생각보다 훨씬 더 독립적이고 강한 존재임을 알아가고 있다.

아이 키우기 좋아졌다는 시선에 대해

X세대부터는 직장맘들이 대대적으로 많아졌다. 1965년 37.2퍼센트였던 여성의 경제활동 참가율은 이들 세대가 20대가 된 1990년대에 들어 47퍼센트로 증가했다. 여성의 절반 가까이가 사회 활동을 하게 된 것이다. 통계청에 따르면, 이때 확 늘어난 여성의 경제활동 참가율은 50.9퍼센트로 2010년까지 비슷한 수준(50.9퍼센트)을 유지했다.

세상이 바뀌었다고들 한다. 그때와 지금은 환경이 바뀌었다면서 "아이 키우기 세상 좋아졌다"라고들 한다. 하지만 이것은 물적 토대에 해당하지 사회 시스템 진화라고는 말하기 어렵다. 각종 장난감과 책, 물건 등은 진화했을지 몰라도 사회 인식이나 학교와 회사의 배려 면에서는 아직 갈 길이 멀다. 육아를 위해 자신의 이름을 포기하고 전업맘이 되는 경우는 여전히 많다.

맞벌이 부부라고 해도 육아와 집안일은 여성의 부담이 크다. 맞벌이 가구 여성의 가사 시간은 하루에 3시간 7분으로, 남성(54분)보다 무려 2시간 13분이 더 많았다. 남성 외벌이의 경우에는 격차가 더 커서 여성(5시간 41분)은 남성(53분)에 비해 4시간 48분을 가사에 더 할애했다. 아내 외벌이 가구의 여성도 남성(1시간 59분)보다 37분 더 많이 가사 노동에 참여했다(여성가족부, 《2020 통계로 보는 여성의 삶》).

결혼 후 경력 단절 여성 문제 역시 현재형이다. 결혼한 부부의 취업률을 보면, 남성의 경우 거의 변화가 없지만 여성은 롤러코스터를 탄다. 결혼한 첫해의 여성 취업률은 68.1퍼센트에 이르다가 결혼 1년차, 2년차가 되면서 취업률이 점점 낮아진다. 취업률이 가장 낮을 때는 결혼 후 5년 차로 40.5퍼센트밖에 되지 않는다. 결혼 5년차는 육아휴직 후 복직 여부를 결정하는 직장맘이 많은 시기다. 결혼할 때는 세 명 중 두 명이 직장 여성이었으나 그중 절반 가까운 직장맘이 복직을 포기한다는 통계다.

한 직장에 오래 다니다 보니 여성 후배들의 고충을 보고 듣게 된다. 육아휴직 후 복직 시간이 다가오면 예외 없이 퇴사에 대해 고민한다. 이 부분은 직종이나 능력치와 무관하다. 꼬물거리는 아이와 보낸 시간이 길어질수록 이 아이에게 엄마라는 존재가 얼마나 필요한지가 눈에 보이고 회사에 복직하면 아이의 얼굴이 내내 밟힌다. 엄마를 찾으며 우는 것 같은 환청도 들린다.

복직 비율이 조금씩 높아지고는 있지만 큰 변화가 없는 또 다른 이유가 있다. 바로 '엄마 공부' 하는 엄마들이 많아지는 배경이다. 과거 먹고살기 힘들 때는 그야말로 먹고사느라 급급해서 아이를 잘 키운다는 것이 무엇인지, 좋은 엄마가 되려면 어떻게 해야 하는지에 대한 고민이 지금처럼 깊지 않았다. 낳기만 하면 형제자매 속에서 "알아서 큰다"라는 말이 자연스러웠다. 하지만 지금은 아니다. 누구나 엄마는 처음이라며 좋은 엄마가 되려 최선을 다한다. 한두 명뿐인 내 아이를 자존감 강한 아이로 자라게 하려면 어떻게 해야 하는지 책을 찾아서 읽고 커뮤니티 활동을 하고 유튜브에서 육아 전문가의 조언을 찾아 듣는다. 그러다 보면 알게 된다. 생후 36개월까지는 애착 형성에서 가장 중요한 시기이고 그때 형성된 자존감은 평생을 좌우하는 든든한 뿌리가 된다는 것을. 그럴수록 내 아이를 다른 사람 손에 맡기기가 쉽지 않다. 그것을 알고도 눈 꾹 감고 직장으로 복직하려면 또 다른 용기가 필요하다.

부서장이 된 뒤 후배에게서 이메일 한 통을 받았다. 육아휴직 복직을 앞둔 후배는 10년 전 나와 똑같은 고민을 하고 있었다. 어린이집 대기 번호도 까마득한 데다가 코로나19 때문에 돌봄 도우미 수요가 많아서 마땅한 분도 구하지 못하고 있다고 했다. 후배는 조심스럽게 물었다. 상황이 될 때까지 재택근무와 병행해도 되겠느냐는 내용이었다. 후배의 고민은 당시 나와 토씨 하나 다르지 않았다. "엄마 자리는 나 아니면 안 되는데, 기자는 자신보다 더 잘하는 사람이 많으니 잘하는 일에 집중하는 것이 맞지 않을까" 하는 고민. 결론도 같았다. 이 일을 좋아해서 꼭 하고 싶다고 했다. 재택근무? 나는 물론 재택근무를 환영한다고 했다. 안 될 이유가 없지 않은가. 코로나19 상황이기도 하고 리모트 워크remote work가 어떤 면에서는 일의 효율을 더 높여주기도 하니 말이다. 후배는 복직 후 재택근무와 병행하면서 자기 일을 성실하고 책임감 있게 해나가고 있다.

〈82년생 김지영〉을 보는 엇갈린 시선

일하는 여성을 바라보는 시각에서도 세대 차이가 확연하다. 직접적으로 느낀 것은 영화 〈82년생 김지영〉을 본 뒤였다. 조남주 작가의 동명 소설을 원작으로 한 이 영화는 2019년 개봉 당시 뜨거운 논쟁을 불러일으켰다. 같은 영화를 두고 평가가 이렇게까지 극명하게 대립하는 경우도 드물 것이다. 일부 남성들은 별점 폭탄을 매긴 반면 여성들은 인생 영화라며 N차 관람을 이어갔다.

X세대가 이 영화를 바라보는 시선은 양안적이다. 극 중 아내 역할을 맡은 정유미의 심적 고통이 이해되면서도 남편 역할을 맡은 공유의 고충도 느껴진다. 다시 말해, 아이와 남편을 위해 자신의 커리어를 놓을 수밖에 없는 현실에 괴로워하다가 해리장애dissociative disorder까지 겪는 아내의 심정을 십분 이해하면서도 한편으로는 "남편이 저렇게 이해심이 깊은데 아내가 예민한 것 아닌가" 하는 일부 시선에 대해서도 고개가 끄덕여진다.

나는 이 영화를 페미니즘을 둘러싼 갈등이라고 보는 것은 피상적인 해석이라고 생각한다. 갈등의 진짜 원인은 세대 차이에 의한 가치관의 충돌이라고 본다. 페미니즘 영화라면 여성은 여성끼리, 남성은 남성끼리의 시각이 비슷해야 하지만 실상은 그렇지 않았다. 의외로 1980년대생 남성과 1960년대생 이상 여성들의 평가가 상당히 닮아 있음을 발견했다. 1960년대생 이상 여성 중 상당수는 아내에 대해 비판적이었다. "이해는 하지만 저 정도면 양호한데…" "남편이 저렇게 이해심이 깊은데 오버한다" "우리 때는 다 그러고 살았다" 같은 시선이 만연하다.

여성들의 시각은 대체로 1970년대생을 기점으로 갈린다. X세대 이하 여성들은 극 중 아내의 심정을 이해하지만 베이비부머 이상 세대의 여성들은 이해할 수 없다는 반응이 많다. 같은 여성인데도 왜 이렇게 시각이 나뉘는 것일까. 여기에는 여러 원인이 있다. 먼저 1960년대생까지는 가부장적 사고가 강한 교육과 환경에서 자란 영향이 크다. 또 하나, 1960년대생 이상 세대는 X세대에 비해 집단주의적 사고가 강하다. 다 같이 성취해야 하는 거룩한 시대적 과제 앞에서는 한 인간의 삶을 개별자로 떼어놓는 사고가 쉽지 않을 것이다.

극 중 김지영이 겪는 고통의 본질은 김지영이라는 한 개인이 자신의 이름으로 일을 해야만 하는 캐릭터라는 점에 있다. 이 부분을 간과한 채 뭉뚱그려서 '30대 여자가…' 하는 식으로 바라본다면 김지영을 향한 삐딱한 시선이 있을 수밖에 없다. 1980년대생 중에도 전업주부가 체질인 사람도 있고 1960년대생 중에도 자신의 이름으로 일을 해야만 하는 사람이 있다. 이는 엄연히 세대 차가 아니라 개인차다.

20년 전, 10년 전, 그리고 지금

육아휴직 후 복직 시기에 내 주변에는 롤모델도 레퍼런스도 없었다. 10년 위의 여기자 선배가 있었지만 환경과 사고방식이 달라도 너무 달랐다. 선배의 입사 당시에는 '여기자'가 갈 수 있는 부서가 따로 정해져 있었다고 한다. 사회부나 정치부에는 아예 발을 들여놓을 수 없었고 문화부나 생활과학부 등에만 배치될 수 있었다. 또 결혼하면 여성의 절반은 그만두었고, 아이를 낳으면 당연히 회사를 나오는 분위기였다고 했다. 아무도 강요하지 않았지만, 여기자가 아이를 키우면서 다닐 수 있는 사회제도적 시스템이 갖추어지지 않았기 때문에 스스로 사직서를 내야 했다고 들었다. 예외가 있기는 했다. 간혹 그만두지 않고 살아남은 여자 선배들의 경우에는 공통점이 있었다. 한 여성이 아이를 키우면서 회사에 다니려면 또 다른 한 여성의 오롯한 희생이 뒤따랐다. 그 여성은 친정어머니인 경우가 많았다.

선배의 시절과 나의 시절, 그리고 내 후배들의 시절은 제각각 다르다. 한 가지 확실한 점은, 세상은 조금씩 나아지고 있다는 것. 하지만 아직 갈 길이 멀다. 여성의 취업률이 조금씩 높아지고는 있지만(2020년 여성 취업률은 약 60퍼센트 정도로, 10년 전보다 5퍼센트 정도 상승했다) 덴마크에 비하면 멀었다(2018년 여성

×

복직을 고민하는 후배가 있다면

자신이 어떤 사람인지를 먼저 들여다보라고 말하고 싶다.

아이도 중요하지만 엄마가 행복해야

그 행복 에너지가 아이에게 전달된다.

엄마가 행복하려면 내 삶을 지탱하는 존재감의 뿌리를 알아야 한다.

자신의 이름으로 일을 꼭 해야 하는 사람인지,

아니면 육아와 살림만으로도 충분히 존재감을

유지할 수 있는 사람인지를 먼저 아는 것이 중요하다.

취업률은 무려 76.6퍼센트에 달한다).

복직을 고민하는 후배가 있다면 자신이 어떤 사람인지를 먼저 들여다보라고 말하고 싶다. 아이도 중요하지만 엄마가 행복해야 그 행복 에너지가 아이에게 전달된다. 엄마가 행복하려면 내 삶을 지탱하는 존재감의 뿌리를 알아야 한다. 자신의 이름으로 일을 꼭 해야 하는 사람인지, 아니면 육아와 살림만으로도 충분히 존재감을 유지할 수 있는 사람인지를 먼저 아는 것이 중요하다.

여기에서 오해하지 말아야 할 것이 있다. 아이를 키우는 일은 그 자체만으로도 매우 거룩하고 위대한 일이다. 육아와 살림을 잘 해내는 것은 엄마로서 당연한 일이 아니다. 이 또한 회사 일처럼 전문적인 영역이다. 전업맘으로 살지 혹은 직장맘으로 살지는 각자의 삶의 철학에 달렸다. 여기에는 가방끈의 길이나 전문성 여부가 기준이 될 수는 없다. 고학력자 중에도 아이를 낳으면서 회사를 그만두고 전업맘으로서 충분히 만족스러운 삶을 사는 여성들을 많이 보았다. 반대로, 특별한 전문성이 없어도 자신의 이름으로 살지 않으면 공허함을 느껴 지속해서 일을 하는 경우도 많이 보았다.

X세대 부모는 페어런츠Fair-ents

X세대 여성은 관계성으로서보다는 자신의 이름 자체로 규정되기 시작한다. 이전 세대까지는 누구의 엄마, 누구의 아내, 또 누군가의 며느리와 딸 등에서 주어지는 정체성이 강했다면, X세대부터는 '나는 나'의 정체성으로 인식한다. 일에서 자신의 존재감을 찾고 일을 통해 성장하면서 자아 성취를 이루는 이들이 대거 등장하게 된다. 이런 양상은 최근의 일이 아니라 X세대에게 일찌감치 내재된 것으로 보인다. 2006년에 제일기획에서 2535 여성들을 대상으로 한 조사를 보면 이런 면면이 드러난다. X세대가 20대 중반~30대 중반이던 2006년, 제일기획에서는 주부 600명을 대상으로 조사해서 《2635 세대 부모 Fair-ents》라는 보고서를 냈다.

보고서를 보면 "아이와 남편보다 내가 더 소중하다"라는 응답이 71.7퍼센트에 달했고, "아이를 키우면서도 문화생활을 마음껏 누리고 싶다"라는 응답은 무려 91.9퍼센트였다. 일을 바라보는 시각도 상당히 개인주의적이다. "아이나 양육 때문에 일을 소홀히 하고 싶지 않다"라는 응답이 76.6퍼센트, "출산과 양육만큼 사회적 성취를 중요하게 여긴다"라는 응답은 무려 91.9퍼센트에 달했다. 자녀 교육에 대해서도 쿨하다. "아이의 직업이 사회적으로 인정받는 직업이 아니어도 좋다"라는 응답이 대다수(90.9퍼센트)였다.

조사를 진행한 제일기획 측은 X세대 부모들을 "우리 시대의 페어런츠"라고 불렀다. 합리적 균형Fair을 중시하는 부모Parents라는 뜻이다. 확실히 X세대의 자녀 교육 철학은 아이와 남편을 위해 엄마의 희생이 당연시되는 기성세대와 달랐다. 인고와 희생으로 상징되는 어머니상도 슬슬 바뀌기 시작했다. 누구의 엄마와 아빠, 며느리와 사위 등 관계에서의 존재감 대신 자아실현 욕망을 가진 한 개인으로서 X세대 부모의 존재감은 커졌다.

4장

X세대에게 필요한 리더십

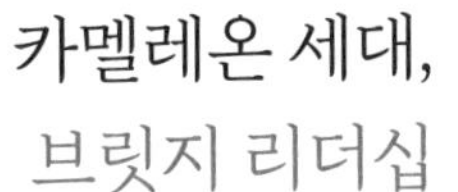

카멜레온 세대, 브릿지 리더십

"X세대에게 필요한 리더십 강의를 해주실 수 있나요?"

한 대기업으로부터 이메일로 강연 요청을 받았다. 팀장급 이상 300여 명을 대상으로 한 조찬 강연이었다. 《주간조선》에 내가 쓴 스페셜 리포트 〈잊혀진 X세대의 비명, 1990년대를 휩쓴 신인류들은 어디로 갔나〉를 인상 깊게 읽었다고 했다. 강연 요청 이메일을 읽어내려갈수록 '내가 할 수 있는 일이 아닌데'라는 생각이 강해졌다. X세대 리더십 강연이라니, 300명 이상이 대상이라니, 1시간 반 동안이라니, 그것도 팀장급 이상의 임원 대상이라니…. 상상만 해도 아찔한 장면이었다. 너무 부담스러워서 정중히 사양하는 답변을 보냈다.

하지만 그것으로 끝이 아니었다. 재차 요청이 왔고 담당자와 통화도 몇 차례 했다. 급기야 인재개발팀장을 포함해 세 명이 회사 건물로 찾아오는 상황에 이르렀다. 어쩌다 인재개발팀과 상담 구도가 된 상황. 회사 측의 요청은 간절해 보였다. 회장님이 X세대 리더십에 대한 문제의식을 느끼고 있다고 했다. 인재개발팀장의 메시지는 이러했다.

> 40대인 X세대가 조직의 팀장으로 승진하고 있습니다. 그런데 이 X세대의 정체성이 너무 약해요. 윗세대도 세고, 아랫세대도 센데 그 사이에 끼어서 제 목소리를 내지 못하고 있거든요. X세대가 조직의 허리잖아요. 허리가 튼튼해야 조직의 성장 가능성이 담보되는데 새로운 리더십을 보여주지 못하고 있습니다. 줄곧 성장 가도를 달리던 회사가 지난해 적자를 기록했어요. 원인 중 하나가 X세대의 리더십에 있다는 것이 회장님의 복안입니다. 그런데 아무리 찾아보아도 X세대 리더십 전문가가 없어요. 저희가 찾은 전문가 중에서는 기자님이 가장 깊이 있게 분석하고 있습니다.

낡은 구두를 벗어던지고 날아올라야

일부는 인정하지만 일부는 인정할 수 없는 내용이었다. 논쟁 아닌 논쟁이 한동안 이어졌다. X세대가 가진 잠재력, 이들만이 해낼 수 있는 역할에 대해 조곤조곤 내 생각을 피력했다. 그 역할의 키워드는 카멜레온이었다. 1970년대생은 양 세대의 모습을 두루 지니고 있어서 상황에 따라 다양한 색채의 능력을 마법처럼 꺼내서 펼쳐 보일 수 있다고. 그리고 마지막에는 X세대와 가장 닮았다고 생각하는 시 한 편을 읊어주었다. 송찬호 시인의 〈구두〉였다.

나는 새장을 하나 샀다
그것은 가죽으로 만든 것이다
날뛰는 내 발을 집어넣기 위해 만든 작은 감옥이었던 것

처음 그것은 발에 너무 컸다
한동안 덜그럭거리는 감옥을 끌고 다녀야 했으니
감옥은 작아져야 한다
새가 날 때 구두를 감추듯

새장에 모자나 구름을 집어넣어본다
그러나 그들은 언덕을 잊고 보리 이랑을 세지 않으며 날지 않는다

(…)
한때는 속박이었고 또 한때는 제멋대로였던 삶의 한 켠에서
나는 가끔씩 늙고 고집 센 내 발을 위로하는 것이다
오래 쓰다 버린 낡은 목욕통 같은 구두를 벗고
(…)

이 시의 새가 X세대 같다고 느꼈다. 자유로워지고 싶었으나 자유롭지 못하고, 맞지 않는 구두를 신고 다니면서 적응하려 애쓰던 X세대. 가본 적 없는 세상에서 만들어진 적 없는 질서의 세계를 살아내느라 X세대는 이리저리 휘둘렸다. 자기 색채를 찾지 못하고 붕 뜬 채 부유하는 형국이었다. 우리 세대에게 필요한 자세는 착지해서 시선을 안으로 거두는 것이다. 이제는 나에게 맞는 구두를 찾고 당당하게 날아올라야 한다는 메시지를 전했다.

1시간여 미팅이 끝났을까. 대화가 끝날 무렵 인재개발팀장의 눈에 눈물이 고였다. X세대인 그는 우리 세대를 너무 잘 이해해주는 것 같아서 큰 위로를 받았다고 했다. 가슴속 깊은 곳의 무

언가가 꿈틀거렸다고도 했다. 그리고 종지부를 찍는 요청을 해왔다. "바로 이겁니다. 지금 이 내용대로 해주시면 됩니다"라고. "그 자리는 부담스러워서 도저히 못 하겠습니다"라고 말하려 만난 자리였는데 분위기가 반전되었다. 나는 결연한 의지까지 담아서 응하고 말았다. "이런 이야기라면 해보겠습니다. 할 수 있을 것 같습니다. 더군다나 같은 X세대로서 위안을 받았다면 힘이 납니다." 이런 말도 덧붙였다. "재미있을 것 같습니다."

이상과 현실과의 괴리를 넘어서

그다음 날부터 고민과 불면의 밤이 시작되었다. 어쩌자고 해보지도 않은 주제로, 그것도 300여 명을 대상으로 한 대형 강연을 덜컥 하겠다고 응했을까. 분위기에 휩쓸려 충동적으로 허락해버린 나 자신을 원망하며 준비에 착수했다.

주어진 준비 기간은 2개월. 회사 측에서 보내온 강연장 실물 사진을 보니 앞이 더 캄캄했다. 현대판 콜로세움처럼 웅장한 분위기, 붉은색 커튼으로 우아하게 장식된 어마어마한 화면 크기에 압도당하고 말았다. 그 앞에서 강연할 생각을 하니 입이 바짝바짝 말랐다. 《강연 잘하는 법》 같은 책을 도서관에서 찾아보았고 '강연의 신'들의 유튜브 채널도 살펴보았다. 그런데 이상했다. 강연에 대해 공부하면 할수록 점점 더 어렵게 느껴졌다. 잘할 수 있을 것 같던 탱탱한 마음은 말라 비튼 대추처럼 쪼그라들었다. 미궁에 빠진 기분이 들었다. 그러다 문득 머리를 탁, 치는 생각이 들었다. '왜 남을 따라 하려 하지? X세대는 그런 게 아니라면서? 옆을 기웃대지 말고 나답게 하라면서?' 내가 나에게 던지는 질문이었다. 과연 그랬다. '나다움을 장착하고 과감하게 밀어붙여라!'가 내가 간절히 말하고 싶은 주제였는데 정작 나는 그 반대 방향으로 가고 있었다. 이 말은 사실 그 누구보다 나 자신에게 하고 싶은 메시지였다.

내 안에는 이중의 세계가 있었다. 20대에 가지게 된 자유분방함으로 나답게 훨훨 날아오르고 싶은 이상의 세계, 30~40대에 흡수해버린 기존 관습의 굴레에서 벗어나지 못하는 현실의 세계. 이 둘 사이의 격차가 너무도 컸다. 이 또한 X세대의 특성 중 하나다. 《세대전쟁》을 쓴 전영수 한양대 교수는 X세대의 가장 큰 비극을 여기에서 찾는다. 당시 나는 전영수 교수를 인터뷰한 후 《주간조선》에 관련 기사를 썼다. 일부를 보자.

X세대는 지향점과 현실과의 괴리가 큰 세대다. 선배 세대는 높은 지향을 가지면 실현할 수 있는 방법이 다양했고 후배 세대

는 지향 자체가 높지 않았다. 그 사이의 갭이 이 세대의 불행의 크기다. 금전적 불행도 있겠지만 심리적 위축감이 상당하다. 사회적으로 큰 낭비다.

X세대의 경우, 이상과 현실과의 괴리가 단군 이래 가장 크고 그 간극이 곧 불행의 크기라는 전영수 교수의 말이 뼈아프게 박혔다. 세상은 달라졌다. 1990년대 내가 꿈꾸던 세상과는 다른 세상이 이미 와버렸음을 담담히 받아들여야 했다. 말하자면, 우리는 기성세대의 성공 방정식이 통하지 않는 첫 세대였다. 선진국을 열심히 따라 하던 '추격'이라는 공식은 우리 세대에서 더 이상 먹히지 않게 되었다. 과거에는 성공 방정식이 분명했다. 초·중·고등학교 때 성실하게 공부하고 명문 대학을 나오면 대기업 취업이 보장되었고, 대기업에서 회사를 위해 몸 바쳐 일하다 보면 차곡차곡 통장에 월급이 쌓였다. 40대 중반쯤 되면 집도 사고 중산층으로서의 지위를 누릴 수 있었다.

수렴이 아니라 확산

하지만 이 뻔한 성공 방정식이 깨졌다. 달라진 성공 방정식은 하나로 수렴되지 않는다. 오히려 다름을 내세우는 확산에 답이 있다. 말하자면, 저마다의 개성이 분명할수록 달라진 세계에서 무언가를 이룰 확률이 높다. 위인전 시대가 저물고 에세이 시대가 왔다. '저 선배처럼 되고 싶어'의 롤모델 시대가 가고 '나답게 살겠어'를 표방하고 참고할 만한 레퍼런스의 시대를 맞게 된 것이다.

다시 강연 이야기로 돌아와보자. X세대의 정중앙에 서 있는 나. 내가 느끼고 제시하는 가치와 지향점을 내가 먼저 장착해야 한다는 필요성이 강하게 일었다. 그래서 X세대가 가져야 하는 경쟁력을 강연에서 피력해보자고 다짐했다. 그것이 나의 첫 번째 실천이었다. 강연 전문가를 따라 하려던 시선을 거두고 나다움을 먼저 들여다보기로 했다. 나답게 강연한다는 것은 어떤 것일까. 어떻게 하면 나다움을 살리면서 좋은 결과를 만들어낼 수 있을까. 우선 나는 목소리가 작고 성대가 약한 편이다. 이 부분을 먼저 인정해야 한다. 한번은 교통방송에서 아침 생방송으로 매주 고정 게스트로 출연하다 중도에 하차한 적이 있다. 성량이 문제였다. PD는 한껏 미안해하면서 말했다.

저어기, 김민희 기자님, 목소리도 좋으시고 전달력도 뛰어나고 내용도 좋은데요, 아침 생방송 목소리로는 적합하지 않으신 것 같아요. 택시 기사님들이 말씀하시기를, 김 기자님 목소리가 너무 나긋나긋해서 졸린다고 해요. 죄송하지만 오늘까지만 나와주셔야겠습니다. 나중에 심야방송 PD를 맡게 되면 그때 다시 연락드릴게요.

순간 TBS 교통방송의 안방마님이자 아침과 새벽 방송을 담당하는 정연주 아나운서의 음성이 생각났다. 청량한 하이톤에 아침 이슬같이 맑고 깨끗한 목소리, 작게 말해도 멀리까지 들리는 엄청난 성량. 오죽하면 이나영 주연의 영화 〈우리들의 행복한 시간〉에서 이나영의 자살 직전 우울한 상황과 대비되는 음성으로 정연주 아나운서의 목소리를 캐스팅했을까.

프로그램에서 갑자기 하차하는 상황이 느닷없기는 했지만 PD의 말은 충분히 일리 있었다. 내가 PD라도 나 같은 목소리는 아침 방송에서 위험부담이 컸다. 더군다나 교통방송에서 청취자들을 졸립게 해서 교통사고의 위험성을 높일 수는 없지 않은가. 그때 받아들였다. 나는 아침 방송에 적합하지 않은 목소리를 가진 사람이라고, 타고난 부분을 바꿀 수는 없으니 있는 그대로의 나를 인정하자고. 아침 방송에 어울리지 않는 목소리라는 이야기는 반대로 심야방송에 어울린다는 이야기였다.

×

뻔한 성공 방정식이 깨졌다.

달라진 성공 방정식은 하나로 수렴되지 않는다.

오히려 다름을 내세우는 확산에 답이 있다.

말하자면, 저마다의 개성이 분명할수록

달라진 세계에서 무언가를 이룰 확률이 높다.

영원한 조연 VS 새 시대의 리더

그때의 다짐이 새삼 떠오르면서 유튜브 강사 중에서 강연 잘하는 강사가 아니라 나와 캐릭터가 닮은 강사를 찾기 시작했다. 그러자 새로운 것들이 보이기 시작했다. 내 목소리와 말하기 타입으로는 강연의 신으로 불리는 김창옥, 김미경 원장이 될 수는 없지만, 심리상담가 박상미 교수나 최인아책방 최인아 대표의 톤과 비슷하게 할 수 있겠다는 생각이 들었다. 그즈음 만난 최인아 대표는 나를 위한 원 포인트 레슨을 전수해주었다.

민희 씨, 프로와 아마추어의 차이가 무엇인지 알아요? 골퍼의 세계에서는 이런 말이 있어요. 아마추어 골퍼는 퍼팅할 때 뇌의 여기저기가 활성화되지만 프로골퍼는 딱 한 부위만 활성화된다고 해요. 왜 그런지 알아요? 아마추어 골퍼는 퍼팅하면서 온갖 생각을 하는 거지. "저기로 보내려면 힘 조절을 이 정도로 하고 이 각도로 해야 하고, 그러려면 자세는 이렇게" 식으로요. 하지만 프로는 그렇지 않아요. 평소에 연습을 하도 많이 해두어서 몸에 익은 거지. 답은 연습에 있어요. 연습을 많이 하면 몸이 기억하듯, PT나 강연을 잘하려면 연습을 많이 해야 해요. 그러면 저절로 말이 나와요.

그렇다. 답은 연습에 있었다. 더불어 최인아 대표는 대학 시절에 그 나긋나긋한 작은 음성으로 모의 국회에 학교 대표 토론자로 출전해 목청 큰 연사들을 제치고 1위를 차지한 무용담도 들려주었다. 우리가 아는 어떤 전형은 일종의 신화에 불과하다. '연설을 잘하려면 목청이 커야 하고 제스처는 어떠해야 하고 간간이 유머 코드를 넣어야 하며' 식의 책 속 노하우는 저자의 노하우일 뿐 나에게는 맞지 않는 방법이었다.

최인아 대표의 말을 듣자 속이 뻥 뚫렸다. 최인아 대표야말로 다른 사람을 흉내 내지 않고 자기다움으로 뚜벅뚜벅 걸어가는 것에 답이 있음을 인생 경험치로 보여주었다. 나는 그의 말대로 나다운 스타일을 살리면서 '연습만이 답'이라는 자세로 파고들었다. 중요한 것은 콘텐츠 자체이지 쇼맨십이 아니다. 메시지가 분명하다면 아무리 청중이 많다고 해도 자신감이 붙을 것 같았다.

강연 제목은 'X세대, 영원한 조연인가, 새 시대의 리더인가'로 정했다. 기존 심층 리포트에 두 가지 콘텐츠를 더했다. 세대론 전반에 대한 강연, 그리고 리더십에 대한 심층 내용. 팀장 리더십 관련 책과 리더십의 고전 등을 섭렵하면서 유용한 부분을 녹였다. 총 63장의 시트를 만들고 시트별로 분초를 재서 강연 시간 1시간 15분을 맞추었다. 내 목소리를 녹음해 수시로 들어보면서 강약 조절을 연습했고, 내용 일부를 넣고 빼고 했다.

강연 하루 전날. 거실에 모인 가족들 앞에서 실전 리허설을 했다. 남편과 두 아들의 반응을 보면서 어느 지점에서 반응이 오는지, 또 어느 지점에서 무료해하는지를 다시 한 번 확인했다.

드디어 강연 날. 오히려 담담했다. 아침 일찍 강연이 시작되었고, 1시간 15분의 강연이 끝났다. 박수 소리가 꽤 컸다. 신기하게도 반응은 기대 이상이었다. 그 긴 강연 동안 한결같은 집중력을 보여주어서 오히려 내가 청중에게 깊이 고마운 마음이 들었다. 특히 세 번째 줄에 앉은 내 또래 여성 팀장님의 눈빛이 가슴속에 오래도록 남았다. 진심 어린 경청의 눈빛과 어떤 작은 깨달음을 동반한 고마움의 몸짓. 한가운데에서 열심히 필기하면서 듣던 회장님은 인사이트를 얻었다며 고맙다는 메시지를 전해주었고 인재개발팀은 강연력이 있다며 칭찬해주었다.

강연이 끝난 순간의 쾌감을 잊지 못한다. 최근 들어 이보다 더 큰 행복감과 성취감을 맛본 적이 없다. 이날부터 마음가짐도 달라졌다. 나를 드러내는 것은 좋아하지 않지만, 내가 전하는 메시지는 힘이 있다는 깨닫게 되면서부터다. 그리고 깨달았다. X세대의 잠재력은 생각보다 훨씬 크다는 것을. X세대에게는 우리 세대만 할 수 있는 아주 중차대한 역할이 있고, 정치와 경제가 아닌 문화 영역에서는 이미 예전부터 주도권을 쥐어왔고 주도권은 점점 더 강력해지고 있다는 것을.

탈권위 세대,
나다운 리더십을 장착하라

"이 답변지를 직접 작성하셨다고요?"

"네."

"세상에, 몇 장이나 되는 거예요?"

"잘 모르겠습니다. 세어볼까요. 한 장 두 장…. 여덟 장이네요."

박정진 진주햄 대표 인터뷰 당시의 일화다. 이제까지 700명 넘는 이들을 전화나 대면으로 만났지만 사전 질문지에 대표가 직접 답변을 작성한 경우는 처음이었다. 인터뷰를 앞두고 사전 질문지에 대한 인터뷰이의 반응은 크게 네 가지다. 사전 질문지에 관심이 없는 경우, 질문지를 휘리릭 읽어오는 경우, 질문지를 꼼꼼히 읽은 후 무슨 답변을 할지 머릿속에 시나리오를 담아오는 경우(각 질문에 대한 답변의 핵심 키워드를 적어오기도 한다), 그리고 박정진 대표처럼 한 자 한 자 일일이 적어오는 경우다.

네 번째 경우는 흔하지 않다. 아주 드물게 작가나 교수, 배우 등이 세세한 답변지를 준비해오는데, 오뚜기 3세이자 뮤지컬 배우인 함연지 씨가 직접 답변지를 작성해온 기억이 난다. 하지만 직원 수 350여 명, 연 매출 1천억 원(2020년 기준)이 넘는 회사의 대표가 답변을 일일이 달아서 인터뷰 준비를 해오다니. 일정 규모 이상의 회사의 경우, 대표 인터뷰는 대부분 비서나 홍보팀에서 작성한 자료를 기반으로 답변을 보탠다. 그러니 박 대표의 저 가공할 만한 성실성에 입이 떡 벌어질 수밖에. 그런데 박 대표는 나의 의아해하는 태도를 오히려 이해할 수 없다는 표정이었다.

"사전에 정리해오지 않으면 오늘 인터뷰에서 두서없이 답변할까 봐 그렇습니다."

이게 무슨 대수냐는 표정으로 답변하고 가벼운 미소를 지었다. 작은 단서는 한 사람의 태도를 전체를 비추는 경우가 많다. 나는 추가 질문을 이어갔다.

"비서 있으세요? 기사는요?"

답변은 같았다.

"아니요, 없습니다. 제가 직접 하면 되는데 뭘요."

동석한 홍보팀 직원은 "대표님은 직원을 모시는 태도를 지니셨어요"라고 슬쩍 말을 보탰다.

수평적 리더십의 시작

1975년생인 박정진 대표는 할아버지, 아버지에 이어 진주햄을 3대째 이끌고 있다. 다섯 살 아래 동생인 박경진 부사장과 나란히 대표이사 직함을 달고 있다. 서울대 공업화학과를 졸업한 그는 로체스터대학에서 MBA를 거쳐 삼성증권 M&A팀 과장, 시티그룹 글로벌마켓증권 상무를 하다가 진주햄으로 합류했다. 진주햄 대표이사로 합류한 시기는 그가 39세였던 2013년. 그 스스로는 일찌감치 진주햄에 들어가기를 원했으나 그의 아버지도 동생도 그가 더 넓은 세상을 배우고 오기를 바랐다고 한다. 동생은 언젠가 돌아올 형의 자리를 위해 사장 자리를 비워두고 부사장을 자처했다. 둘은 우애 좋은 형제 경영으로 유명하다. 박정진 대표 합류 2년 후인 2015년 수제 맥주회사 '카브루'를 인수했고, 이후 진주햄은 수제 맥주 업계 최초로 해썹HACCP 인증을 취득하는 등 성장세를 이어가고 있다.

그가 걸어온 길은 익히 보아온 재계 3세의 길과는 다소 차이가 있었다. 엘리트 코스를 차근차근 밟았고 외부에서 먼저 실력을 인정받은 후 사장으로 취임했다. 무엇보다 합류 뒤에 보여준 경영자로서의 모습은 낯설었다. 권위 의식을 내세우지 않았으며 CEO 3종 세트로 여겨지는 넓은 사무실과 비서, 기사가 없었다.

경영하는 디자이너를 자처하는 김봉진 우아한형제들 대표도 마찬가지다. 그가 내세운 경영 철학과 경영 스타일은 파격의 연속이었다. 우아한형제들 본사 곳곳에는 '송파구에서 일을 더 잘하는 11가지 방법'이라는 제목의 포스터가 붙어 있다.

① 9시 1분은 9시가 아니다.

② 실행은 수직적! 문화는 수평적~

③ 잡담은 많이 나누는 것이 경쟁력이다.

④ 쓰레기는 먼저 본 사람이 줍는다.

⑤ 휴가나 퇴근 시 눈치 주는 농담을 하지 않는다.

⑥ 보고는 팩트에 기반한다.

⑦ 일의 목적, 기간, 결과, 공유자를 고민하며 일한다.

⑧ 책임은 실행한 사람이 아닌 결정한 사람이 진다.

⑨ 가족에게 부끄러운 일은 하지 않는다.

⑩ 모든 일의 궁극적인 목적은 '고객 창출'과 '고객 만족'이다.

⑪ 이끌거나, 따르거나, 떠나거나!

이 11가지 항목은 김봉진 대표가 직접 정했다고 한다. 김봉진 대표만의 경영 철학이 분명하게 드러나는 항목이 꽤 눈에 띈다. 두 번째 '실행은 수직적, 문화는 수평적', 다섯 번째 '휴가나 퇴근 시 눈치 주는 농담을 하지 않는다', 여덟 번째 '책임은 실행한 사람이 아니라 결정한 사람이 진다'는 부분을 눈여겨볼 필요가 있다. 세 항목을 통해 각각 수평적 소통, 개인의 라이프 스타일 존중, 리더로서 책임 전가를 하지 않겠다는 분명한 철학이 드러난다.

김봉진 대표 역시 기존의 CEO 이미지에서 벗어나 있다. 한때 그가 자신의 인스타그램에 연재한 〈행복 얼굴 사진관〉은 경영자로서 직원을 대하는 온도와 눈높이를 느낄 수 있는 공간이었다. 김 대표는 활짝 웃는 직원의 얼굴을 찍고 "언제가 행복해요?" 묻는다. 답도 답이지만 직원의 눈빛에 시선이 머물게 된다. 안면근육의 힘을 툭 빼고 눈동자까지 웃는 편안한 미소. 우리가 일반적으로 생각하는 대표님 앞에서는 나오기 힘든 표정이었다.

1976년생 김봉진 대표. 뜻 맞는 친구들 다섯 명과 30대 중반에 배달의민족을 시작해 스타트업 신화를 새로 쓴 그는 그 누구도 모방하지 않는 반짝이는 창의력과 통찰력으로 새 길을 개척했다. 4형제 중 막내인 그는 어릴 때는 공부에 그다지 관심이 없었다고 한다. 서울예대에서 실내디자인을 전공했고, 졸업 후에는 디자인 에이전시를 거쳐 이모션, 네오위즈 등에서 웹디자인 관련 일을 했다. 이후 그는 전혀 다른 길을 걸었다. 수제 가구점을 차렸다가 쫄딱 망한 뒤에 진짜 자신을 들여다보기 시작했다.

어느덧 기능적인 디자이너로 변해 있는 자신을 발견한 후 그는 공부다운 공부를 하기 시작한다. 이런저런 우여곡절 끝에 창업한 것이 바로 배달의민족이다. 중요한 것은 차별화. 그때 이미 엇비슷한 앱이 30~40개 존재했다. 그는 자신이 무엇을 원하는지, 자신이 창업한 회사가 무엇을 지향하는지 비전을 분명히 했다. "정보 기술을 활용해 배달 산업을 발전시키자"는 창업 초창기에 내건 슬로건이다. 여기에서 발전은 개인과 회사의 범위를 넘어선다. "저는 살면서 조금 더 쓸모 있는 사람, 남들에게 조금 더 영향을 미칠 수 있는 사람, 스스로 계속 성장할 수 있는 사람이 되기를 꿈꿉니다"라는 것이 그의 생각이다.

성장보다 다음 세대의 행복

앞서 언급한 박정진 진주햄 대표, 배달의민족 신화를 만든 김봉진 우아한형제들 대표처럼 '기존에 없던 리더십'을 장착한 이들은 많다. 무조건적인 이윤 추구를 넘어 공존의 가치를 기업 철학에 실질적으로 녹이기 시작한 것도 이즈음이다. 이들이 리더로 부상하기 시작한 2010년대는 한국이 고성장을 멈추고 저성장 기조로 돌아선 때였다. 열심히만 하면 다 같이 잘살던 시대는 끝났다. 모두가 열심히 달리는 시대, 한정된 자원으로 행복한 공존을 위한 경영 방향을 본격적으로 모색하기 시작한 것이다.

김정빈 수퍼빈 대표도 마찬가지다. "좋은 제품보다 좋은 문화를 물려주는 것이 다음 세대의 행복을 위한 일"이라는 철학으로 재활용 분리수거 로봇 '수퍼빈'을 창업한 그가 걸어온 길은 예사롭지 않다. 1973년생인 그는 코넬대에서 경제학 박사과정을 수료한 후 하버드대 케네디스쿨에서 행정학 석사 학위를 받고 40대 초반에 철강회사 코스틸 그룹의 대표이사 사장을 지냈다. 그다음에 택한 여정이 바로 수퍼빈 창업이다. 그의 시선은 다음 세대를 향한다. 다음 세대의 행복을 위한 가장 중요한 문제가 바로 환경문제라고 보았고, 그중 쓰레기 문제 해결이 시급하다고 판단했다.

잘 나가던 CEO 자리를 박차고 나와서 환경문제를 해결하겠다는 일념으로 회사를 창업한 김정빈 대표. 그의 행보는 이전 세대에는 없던 유형이다. 성장 일변도의 경영 철학으로는 결코 내딛기 힘든 걸음이다.

흉내 내기 리더십 VS 나다운 리더십

소통왕 리더들이 대거 탄생하는 것도 X세대 리더가 탄생하면서부터다. 생래적으로 개인주의적인 데다가 권위 의식과 강압을 싫어하는 이들은 리더가 된 뒤에도 이 속성을 지켰다. 물론 모두가 다 그런 것은 아니었다. 기존 리더십이 통하지 않는 시대, X세대 리더에게 놓인 선택지는 두 가지였다. 보고 배운 대로 흉내 내거나 나다운 리더십을 장착하거나.

둘 중 어느 리더십을 선택하느냐에 따라 전혀 다른 풍경이 펼쳐졌다. 전자의 흉내 리더십은 최악의 결과를 초래했다. 이 경우 의외로 밀레니얼 세대들의 퇴사 유발자가 되고 만다. 순둥한 X세대가 리더가 되었는데 오히려 밀레니얼 사원들이 퇴사한다고? 의아해하는 이들이 많을 것이다. 예를 보자. 대기업 H사의 영업부서에 근무하는 30대 중반 김 모 씨 역시 X세대 팀장이 리더가 된 후 3개월 만에 퇴사했다. 그의 말을 옮겨본다.

그 형(X세대)과 저는 열 살 차이지만 말이 잘 통했어요. 이전 팀장님(50대)이 말도 안 되는 일을 시키면서 막말을 해도 그 형 덕분에 버틸 수 있었어요. 와, 진짜 그 팀장님의 꼰대스러움은 말도 못 해요. 그래도 확실한 공공의 적이 있고 그 형과 같은 배를 탄 듯해 늘 든든했어요. 우리 팀 주니어들은 그 형을 믿고 따랐어요. 중간에서 우리 말도 잘 들어주면서 팀장님의 이상한 말을 걸러주는 역할을 했거든요. 주니어들은 그 형을 보면서 "저 형이 팀장님이 되면 천국이겠다"라고 입버릇처럼 말했어요.

그런데 반전이었다. 막상 그가 팀장이 되자 돌변했다. 평소의 부드러움과 열린 마음으로 소통하는 자세는 온데간데없었다. 그토록 괴롭히던 꼰대 팀장을 닮아갔다. 직장 생활 내내 보고 배운 리더십이라고는 꼰대 팀장의 리더십이 전부였으니 '리더란 원래 저래야 하나 보다'라고 생각한 것이다. '그날이 오면'을 손꼽아 기다리던 주니어들은 이만저만 당황스러운 것이 아니었다. 흉내 리더십이 부른 참사였다.

그 형이 팀장님이 되니까 더 지옥이 되었어요. 욕하면서 닮아간다고, 그 꼰대 팀장님이랑 똑같이 행동하는 거예요. 사람들 다 보는데 세워두고 혼내고, 앞뒤가 안 맞는 업무를 시켜놓고 따지면 권위로 찍어 누르고, "네 생각은 어때?" 하고 물으셔서 제 생각을 솔직하게 말씀드리면 아예 안 듣고…. 우리가 얼마나 절망했는지 아십니까? 그날을 기다리며 버텼는데, 막상 그

날이 되니 더 지옥 같았죠. 범퍼 역할도 사라지면서 꼰대 짓을 맨몸으로 받아내려니 죽을 맛이었습니다. 무엇보다 희망이 사라지니 못 버티겠더군요. 결국 저 포함해서 셋이 동시에 퇴사했습니다.

스페셜리스트 VS 제너럴리스트

반면 나다운 리더십을 장착한 X세대 리더들은 달랐다. X세대는 제너럴리스트와 스페셜리스트 중 어느 쪽 면모가 더 강할까? 제너럴리스트는 총론을 책임지는 관리자이고 스페셜리스트는 각론과 디테일에 강한 실무자다. 윗세대가 일찌감치 관리자로서의 길을 걷게 되면서, X세대가 스페셜리스트로서 보내는 기간도 자연스럽게 늘어날 수밖에 없었다. 그러다 보니 세세한 실무까지 들여다볼 줄 아는 역량이 쌓이게 되었다. 이 스페셜리스트로서의 재능을 기반으로 관리자로서의 덕목을 더한 X세대 리더들은 아랫세대와 평화롭게 공존했다. 무엇보다 윗세대의 권위를 어설프게 흉내 내려 하지 않고 자신의 있는 그대로의 리더십을 다져나간 이들은 새로운 리더십의 전형을 만들어나갔다. 앞서 언급한 박정진 진주햄 대표, 김봉진 우아한형제들 대

X

용기를 내본 적 없는 것과 용기가 없는 것은 다르다.

X세대는 용기를 낼 시대적 상황이 없었을 뿐

용기가 없었던 것은 아니다.

개개인의 삶 속에서는 이미 충분히 용기 있는 삶을 살아내고 있다.

기성세대와 다른 사고방식과 라이프 스타일로 새로운 시대를 열고,

문화영역 곳곳에 새로운 기반을 닦아서 새로운 일자리를 만들어왔다.

표, 김정빈 수퍼빈 대표 등이 그 예다.

김성회 CEO리더십연구소장은 《센 세대, 낀 세대, 신세대 3세대 전쟁과 평화》에서 X세대 리더를 "이율배반 갈대형 샤이 꼰대", 즉 햄릿형으로 분석한다. "잔소리를 할 것인가, 말 것인가, 그것이 문제로다"라며 늘 양단에서 고민한다는 것이다. 김성회 소장은 X세대 꼰대가 가진 특성으로 "자기를 비하"하며 "자신이 지닌 빛을 인정하지 않는 유형"이 많다고 한다. 이리저리 휘둘리면서 눈치만 보다가 자기다움을 잃게 된다는 이야기다.

《낀 세대 리더의 반란》을 쓴 조미진 전 현대차그룹 전무는 X세대 리더들에게 과감한 반란을 하라고 종용한다. 외부를 향한 반란이 아니다. 자기 자신의 내면을 향한 반란이다. 쭈뼛대지 말고 낡은 점들은 과감하게 단절하는 내적 반란을 하라는 것이다. 그가 책을 통해 강조하는 내용은 한결같다. "용기 있게 기성세대의 벽을 넘고 다음 세대로 도약하라."

그렇다. X세대 리더에게 가장 필요한 것은 용기다. 각자가 가진 내적 에너지는 강하지만 X세대는 타인을 향해 큰 목소리를 내본 적이 없었다. 분명히 해둘 것이 있다. 용기를 내본 적 없는 것과 용기가 없는 것은 다르다. X세대는 용기를 낼 시대적 상황이 없었을 뿐 용기가 없었던 것은 아니다. 개개인의 삶 속에서는 이미 충분히 용기 있는 삶을 살아내고 있다. 기성세대와 다른 사고방식과 라이프 스타일로 새로운 시대를 열고, 문화영역 곳곳에 새로운 기반을 닦아서 새로운 일자리를 만들어왔다. 이 용기가 리더십에도 발휘되어야 한다. 그렇지 않은 채 어설피 기성세대의 리더십을 흉내 내다가는 죽도 밥도 안 된 채 윗세대의 아류에 머물고 만다.

X세대가 이상적 리더십을 갖춘 이유

X세대에게는 새 시대의 리더가 될 만한 자질이 많다. X세대는 권력을 쟁취하는 데에는 약하지만, 막상 리더가 되어 나다운 리더십을 장착하면 이상적인 리더가 될 수 있다. 권위 의식 없는 최초의 리더이며 솔선수범이 체화되어 있다. 상명하복이 아니라 수평적 커뮤니케이션을 지향하며 포용력과 공감력이 넓다. 아랫세대를 포용하고 윗세대를 이해시키면서 특유의 소통력으로 최고의 리더십을 발휘할 잠재력이 충분하다.

4차 산업혁명 시대는 협업이 많아지면서 소통 능력이 어느 때보다 중요해지는데, X세대야말로 소통의 달인 세대다. 좋은 소통이란 내가 하고 싶은 말을 전달하는 것이 아니라, 상대방의 관점을 헤아려 이야기하는 것이다. 그러려면 직원에 대해 이해가 선행되어야 한다. 《실리콘밸리의 팀장들》을 쓴 킴 스콧Kim Scott 역시 "솔직한 피드백 등 소통을 늘리려면 직원에게 관심을 가져야 한다"라며 "최고의 상사는 감정 노동의 달인"이라고 했다. 위로는 베이비부머, 아래로는 MZ세대 사이에 낀 X세대. 이들이야말로 양 세대를 이해하려는 감정 노동을 꾸준히 해왔다고 할 수 있다.

포용력 세대, 맞춤형 리더십

"저, 안 하면 안 되나요?"

피할 수 있다면 도망가고 싶었다. 40대 초반에 한 매체의 편집장 자리를 제안받았을 때 나도 모르게 흘러나온 첫 마디였다. 일단 자신이 없었다. 정확히 말하자면 '잘할' 자신이 없었다. 일선 취재기자로서 스페셜리스트의 역할과 편집장으로서 제너럴리스트의 역할은 완전히 다르다. 잡지의 경우 편집장의 취향과 시각이 고스란히 반영된다. 그래서 편집장이 바뀌면 잡지의 성격이 꽤 바뀐다.

편집장 자리를 상상하니 일단 무서웠다. 책임감의 무게가 그랬다. 서울 한복판에서 두 아이를 키우면서, 도와줄 친인척 하나

없는 환경에서 늘 결정의 연속인 막중한 자리를 맡는다니. 생각만 해도 머리가 터질 것 같았다. 무엇 하나 제대로 못 하고 뒤죽박죽될 것 같아 두려웠다. 무엇보다 아이들에게 소홀해질 것 같은 걱정이 컸다. 그래서 일단 도망갔다.

"저 안 할래요. 그냥 지금처럼 취재기자로 있고 싶습니다. 엄마 기자로서 더 하고 싶은 말도, 해야 할 말도 많습니다."

회사 측에서 일단은 받아들이는 분위기였다. 지인들은 대부분 편집장 자리를 사양한 나를 이해할 수 없어 했다. 남들은 위로 올라가고 싶어 하는데, 굴러 들어온 복을 발로 찼다는 반응도 많았다. 반면 절친들은 내 결정에 대해 그럴 줄 알았다는 반응이었다. "너는 우리와 조금 다를 줄 알았는데" 하며 아쉬움 섞인 탄식을 내뱉는 친구도 있었다. 하지만 2주 뒤, 회사에서 똑같은 상황에 다시 놓이게 되었다.

"맡아주어야겠다. 아무리 보아도 네가 적임자 같다."

"저에게 선택권이 있나요?"

"분위기로 보아서는 많지 않아."

퇴로가 없는 느낌이었다. 사실 반반이었다. 겁이 나면서도 한편으로는 욕심도 났다. 재미있게 잘할 수 있을 것 같은 기대감도 몽실몽실 피어올랐다. 처음부터 잘하는 사람이 누가 있으랴. 두려웠지만 용기를 냈다.

"음, 맡겨주시면 열심히 해보겠습니다."

그렇게 편집장이 되자 미아가 된 기분이었다. 무슨 역할을 어디부터 어떻게 해야 할지 막막했다. 다양한 매체에서 수십 년간 프리랜서로 일해온 한 선배는 이렇게 말했다. "와~ 김민희는 또 얼마나 무서운 편집장이 될까? 예전에 여성 편집장들이랑 일해보면 카리스마 장난 아니었데이. 무서워서 말도 못 붙였어."

편집장이란 으레 엄한 캐릭터였고, 그래야 정해진 날짜에 칼같이 책이 나올 수 있다고 믿었다. 마감은 말 그대로 데드라인, '죽음의 선'이었고 편집장의 말은 곧 법이었다. 칼같이 판단하고 우렁찬 목소리로 호령하면서 후배들을 거느리고 다니던 몇몇 편집장 선배들이 떠올랐다. 그런 캐릭터와 나는 너무 멀리에 있었다. 어디를 가나 "기자 같지 않으시네요"라는 말을 들어왔듯 "편집장 같지 않으시네요"라는 말이 따라다닐 것도 뻔했다.

내가 지향한 것은 균형감이었다. 개인과 조직, 부원과 상사 사이에서 균형감을 지키는 것이 중요하다고 여겼다. 나다움을 잃지 않으면서 조직과 시대가 요구하는 가치에 부합하는 리더십을 찾고자 했다.

다행히도 내가 걸어온 길이 다양한 세대를 이해하는 데 큰 도움이 되었다. 20년간 언론계에 있으면서 X세대와 베이비부머, 밀레니얼 세대와 Z세대를 각각 연구할 수 있는 계기가 지금의 일을 하는 데 자양분이 되어주었다. 서로 다른 세대를 들여다보면서 세대가 아무리 흘러도 변하지 않는 것들과 변하는 것들을 포착할 수 있는 눈이 생긴 것 같다. 이 시선은 내가 조직의 중간에서 윗세대와 아랫세대를 두루 이해하는 데 큰 도움이 되었다. 이를 바탕으로 1970년대생 리더에게 필요한 리더십을 추출해보았다.

① **자기 주도성 리더십**: 일의 영역을 큰 틀에서 주고, 그 안에서는 권한과 자율성 부여하기

② **맞춤형 리더십**: 각자가 잘 할 수 있는 일을 맡기고, 더 잘할 수 있도록 동기 부여하기

③ **고슴도치 리더십**: 너무 멀지도, 가깝지도 않은 거리 유지하기

④ **디딤돌 리더십**: 조직이 개인의 성장에 도움이 되도록 디딤돌 되어주기

⑤ **유리창 리더십**: 조직에서 일어나는 일들을 있는 그대로 투명하게 공유하기. 실수는 즉시 인정하고 바로 사과하며, 책임 떠넘기지 않기

×

남이 시켜서 하는 일과 스스로 판단해서 하는 일의 결과는 천지 차이다.

전자는 일을 분절적·수동적으로 바라보게 하지만
후자는 일을 통합적·능동적으로 바라보게 한다.

자기 주도성 리더십

권한을 부여한다는 것은 자기 주도적으로 일할 기회를 준다는 말이다. 남이 시켜서 하는 일과 스스로 판단해서 하는 일의 결과는 천지 차이다. 전자는 일을 분절적·수동적으로 바라보게 하지만 후자는 일을 통합적·능동적으로 바라보게 한다. 내가 하는 일의 주인공이 곧 나인 셈이니 하나하나 시키지 않아도 결국 자기 방식대로 스스로 방법을 찾아나간다. 과정은 누구에게나 쉽지 않지만 그 과정을 견디게 하는 힘은 결국 자기 주도성이다.

이는 비단 일에만 해당하지 않는다. 공부도 마찬가지다. "너는 하라는 대로 공부만 해, 나머지는 엄마가 알아서 할게!"라는 대치동 키즈들을 향한 부모의 말은 최악의 요구다. 이로 인해 누군가는 가출하고 누군가는 폐인이 되었으며, 또 누군가는 극단적인 선택까지 생각한다. 남이 시켜서 하는 공부를 통해서는 보람과 행복을 찾기 힘들다. 조금 돌아가더라도 스스로 필요한 공부를 찾는 아이들이 마지막에 웃게 되어 있다.

내가 직접 계획하고 실천한 일이 하나하나 현실화하는 과정을 보는 기쁨. 사실 일을 하다 보면 결과보다 과정이 주는 기쁨이 더 크다. 결과는 잠깐이지만, 그 잠깐의 결과를 위해 들이는 과정은 기나길다. 과정의 기쁨은 일을 시작할 때 예측하지 못할 기쁨들이다. 과정에서 기쁨과 행복을 느끼지 못하면 무언가를 이루기 위해 애쓰는 시간 자체가 고통이 될 수 있다.

직장인이 그저 생계만을 위해 '견딘다'는 마음으로 회사 생활을 한다면 얼마나 지옥 같을까. 학생이 그저 입시만을 위해 중·고등학교 시절을 '견딘다'는 마음으로 지낸다면 학창 시절이 얼마나 끔찍할까. 견딤은 여러 층의 속성을 가졌다. 극강의 고통과 극강의 희열이 어우러진 개념이다. 시작이야 견디기 위해 했을지라도 견디는 과정에는 희로애락이 마치 화려한 꽃다발처럼 담겨 있다. 기쁨과 환희, 보람과 성취감이 곳곳에 보물처럼 숨겨져 있다.

아이러니하게도, 그 견딤의 강도가 강할수록 그것을 견디어냈을 때 성취감은 훨씬 더 크다. 쉬운 숙제보다 어려운 숙제를 해냈을 때 보람이 더 큰 것과 같은 이치다. 이 성취감을 부르는 가장 중요한 조건이 바로 자기 주도성이다. 자기 주도성을 가지고 과정을 즐기는 자세를 가진다면 무엇을 하든 그 길에서 소소한 행복을 발견할 수 있으며, 결과와 관계없이 성공이라고 할 수 있다.

맞춤형 리더십

맞춤형 리더십이란 천편일률적으로 대하는 것이 아니라 개개인의 소질과 적성을 감안해 조직을 운영하는 것을 말한다. 각자의 성향을 먼저 파악해 각 구성원이 최대의 효율을 높일 수 있는 방법론을 적용하는 것이 핵심이다. 자발적인 성향의 구성원이라면 큰 틀에서 권한을 주고 세세히 간섭하지 않는 것이 더 효율적이고, 다소 수동적인 성향의 구성원이라면 중간중간 확인하는 과정이 필요하다. 적재적소에 인력을 배치하는 것에서 한발 더 나아가 성향에 따라 융통성 있게 인력을 운용해야 한다. 따라서 리더는 각 구성원의 업무 스타일을 파악하는 세심함과 예민함을 갖추어야 한다. 이때 중요한 것은, 부족한 역량을 끌어올리려 하기보다 잘하는 부분을 더 잘할 수 있도록 믿고 맡기는 것이다.

바야흐로 다양성과 복잡성의 시대다. 취향도 취미도 특기도 셀 수 없을 만큼 다양해졌다. MZ세대에게는 자신이 좋아하는 일이 주어지면 기대 이상으로 해낼 수 있는 괴물 같은 역량이 숨어 있다. 그야말로 무엇 하나에 '꽂히면' 누가 시키지 않아도 열정을 쏟아부으며 신나게 몰두한다. 이 역량이 회사 일로 이어진다고 생각해보라. 그들만의 새로운 생산성 도구와 아이디어,

트렌드에 맞는 플랫폼을 활용하면서 X세대 리더는 상상하지도 못했던 아웃풋을 낼 가능성이 크다.

반대는 어떨까? 급변하는 시대, 디지털 이주민 세대인 윗세대 리더가 보고 경험한 배경지식만으로 세세하게 일을 시킨다면? 결과를 상상만 해도 안타깝다. 실제로 그런 사례를 수없이 본다. 리더가 사소한 것 하나하나에 간섭하면서 자신의 방식대로 이끄는 회사들. 특히 오너 회사에서 범하기 쉬운 패착이다. 이 경우 변화하는 시류에 따라가지 못해 결국 정체되거나 도태될 수밖에 없다. 무능한 리더를 견디는 유능한 직원은 많지 않다. 유능한 밀레니얼 직원이라면, 세상의 변화를 따라가지 못하는 리더의 답답한 요구에 퇴사 카드를 꺼낼 것이다. 포노 사피엔스 세대이자 '바람직한 괴물'로 불리는 이들에게는 신나서 스스로 할 수 있는 분위기를 마련해주어야 한다. 잠재된 역량을 마음껏 발휘할 수 있도록 말이다.

단, 맞춤형 리더십을 발휘하기 전에 리더가 먼저 갖추어야 할 것이 있다. 자기만의 중심축을 가지는 것이다. 다시 말해, 조직 운영의 분명한 원칙과 조직이 지향하는 비전을 수립한 후 이를 구성원과 공유해야 한다. 조직 운영의 원칙과 비전은 구체적일수록 좋다. 원칙과 소신이 없는 상태에서 무턱대고 맞춤형 리더십을 적용한다면 이 사람 저 사람의 말에 휘둘리면서 중심을 잃고 혼란스러울 수밖에 없다. 원칙 없이 이리저리 흔들리는 리더를 따르는 것은 조직원으로서도 고역이고 업무 효율성 면에서도 낭비다.

원칙 없는 리더는 리더라는 이름의 노예 혹은 바지사장처럼 전락하기 쉽다. 중심을 가지고 휩쓸리는 것과 그렇지 않은 경우의 결과는 하늘과 땅 차이이다. 또 하나, 무조건 수용적이어서는 안 된다. 허용 범위가 넓되, 선을 넘을 때는 '이것은 아니다' '지나치다'라고 분명하고 진솔하게 말할 수 있어야 한다.

고슴도치 리더십

MZ세대와는 '적정한 수준의 거리두기'가 요구된다. 너무 가까워도 너무 멀어도 안 되는 고슴도치의 거리. 직원과 리더의 거리가 너무 가까우면 전체를 객관적으로 볼 줄 아는 시선을 잃게 되고, 너무 멀면 꼭 필요한 소통이 어려워진다.

개인별 편차는 있겠으나 밀레니얼 세대는 가족 같은 회사를 원하지 않는다. 회사는 결코 집이 아니고 동료나 선배는 가족이 될 수 없다는 생각이 강하다. 선배 세대가 X세대에게 그랬듯 X세대 리더가 후배들에게 가정사를 꼬치꼬치 물어본다면 싸한 반응이 돌아올 확률이 높다. 공과 사를 분명히 해야 한다.

그렇다고 '공은 공, 사는 사'를 너무 철저히 한 나머지 벽이 생기면 원활한 소통이 어렵게 된다. 이때 필요한 것은 스몰 토크다. 언어의 기능에는 정보 기능과 명령 기능도 있지만 친교적 기능과 정서적 기능도 있다. 꼭 필요한 대화가 아니더라도 시시콜콜해 보이는 수다들, 예를 들어 날씨나 스포츠, 출근길에 목격한 사소한 사건 같은 스몰 토크는 조직의 윤활유 역할을 한다는 것을 명심할 필요가 있다.

일을 위한 대화와 사소한 오후의 대화는 사실 경계가 명확하지 않다. 편안하게 티타임을 하다가 브레인스토밍으로 이어지기도 하고, 어제 본 드라마 이야기를 나누다가 기막힌 아이디어를 얻을 수도 있기 때문이다. 평소 대화가 없는 리더가 조직원들에게 "자~ 하고 싶은 말 있으면 편하게 해요"라고 한다고 해서 "저 할 말 있습니다!"라고 손을 번쩍 들고 갑자기 모든 말을 쏟아낼 확률은 희박하다. 한다고 해도 이런 분위기에서 이루어지는 대화는 썰렁한 발표처럼 되기에 십상이다. 소통이 원활하기를 원한다면 평소 격의 없는 티타임이 도움이 된다.

디딤돌 리더십

디딤돌 리더십이란 각 개인의 성장 발판이 되어주는 역할을 말한다. '일잘러' 직원일수록 성장 욕구가 강하다. 조직을 위해서 그저 소모되는 것이 아니라 업무를 통해 개인 역량이 강화되기를 원한다. X세대 리더는 이들이 일을 통해 성장할 수 있도록 다양한 기회를 주고 길을 터주고 응원해주어야 한다.

X세대 이상 세대와 밀레니얼 세대는 회사를 대하는 마인드 자체가 다르다. X세대까지는 애사심과 충성심이 통했다. 회사의 성장이 곧 나의 성장이며 회사가 잘되는 것이 곧 내가 잘되는 길이라고 믿어 의심치 않았다. 조직을 위해 어느 정도 개인의 희생을 불사하는 것도 당연시했다. 하지만 밀레니얼 세대부터는 이 명제의 뿌리부터 다르다. 회사를 통해 나의 성장을 도모할 수 있는지가 중요하다.

더군다나 코로나19 팬데믹이 불씨를 댕긴 리모트 워크 시대에는 직장 개념이 희박해지고 직무 개념이 강조되고 있다. 어디에서 일할지가 아니라 무슨 일을 하는지가 중요하다. 똘똘한 개인일수록 긱 경제Gig Economy에 편승한 삶을 산다. 한곳에 얽매이지 않고 자신의 능력이 필요로 하는 곳과 프로젝트 단위로 계약을 맺는 유형이 늘어나고 있다. 내가 원하는 일을, 내가 원하는 곳에서, 내가 원하는 시간에 하기를 원하는 이들의 현명한 선택지인 셈이다. MZ세대 직원들을 회사 부속품처럼 다룬다면 똘똘한 직원은 오래 남지 못한다. 회사를 성장시킬 주역으로 생각하고 그만큼 대우해주어야 하며 상황에 따라서는 각 개인이 자신의 브랜드를 만드는 데 도움이 될 수 있도록 이끌어주어야 한다.

유리창 리더십

MZ세대 분석서에 빠짐없이 등장하는 핵심 키워드는 '진정성'이다. 이들은 진짜와 가짜를 귀신같이 구별해낼 수 있는 능력을 지녔다. 대표적인 분야가 마케팅이다. 이들은 블로그나 유튜브 등의 콘텐츠를 보고 협찬받고 쓴 것인지 아닌지를 귀신같이 가려낸다. 협찬받았다면, 받았다는 사실을 투명하고 솔직하게 밝히는 것은 전혀 문제가 되지 않는다. 그렇지 않고 버젓이 협찬 콘텐츠인데도 '내돈내산' 식으로 거짓말을 한다면 그 콘텐츠는 역풍을 맞고 심각한 타격을 입는다. 그런 눈속임으로 신뢰도가 하락해 재기 불가 수준이 되어버린 셀럽들이 수두룩하다.

비단 마케팅 분야뿐 아니다. 임홍택 작가가 《90년생이 온다》

에서도 말하듯 이들은 정치·사회·경제 등 모든 분야에서 완전무결한 정직을 요구한다. 공정의 이슈가 중요시되는 것도 같은 맥락이다. 당연히 학연·지연·혈연은 수용할 수 없는 적폐로 본다. 신뢰 자본의 힘이 점점 커질 것이고, 정직과 공정의 시스템화는 앞으로도 점점 강화될 수밖에 없다.

이런 맥락에서 투명하고 진정성 있는 소통은 MZ세대와 일할 때 가장 중요한 덕목 중 하나다. 이를 위해서는 먼저 일의 진행 상황을 투명하게 공유하는 것이 중요하다. 간혹 '정보 독점이 곧 경쟁력'이라는 생각으로 진행 상황을 독점하는 리더를 본다. 독점해서 의미 있는 정보라면 그 정보는 정보로서의 가치가 없다. 진행 상황은 공유할수록 힘이 세진다.

한편 실수가 있으면 즉시 사과하고 바로잡는 태도가 중요하다. 진정성 있는 사과는 상호 신뢰의 기반이 된다. 실수는 미숙의 증거가 아니라 일을 하다 보면 누구나 겪는 일이다. 권위주의 시대에는 잘못을 한 리더가 사과하는 풍경이 흔하지 않았다. 유야무야 덮어도 넘어갈 수 있었기 때문이다. 하지만 더 이상은 아니다. 대나무숲, 블라인드 같은 익명 게시판이 보편화되어 있고, 구글 신이 모든 것을 알고 있는 투명 사회에서는 덮으려 들수록 문제가 더 커질 수 있다.

흑연으로 남을 것인가, 다이아몬드가 될 것인가

접이지대에 서 있는 X세대는 장점이 많다. 윗세대의 장점인 성실성을 물려받았으면서, 아랫세대의 탈권위적인 면모를 지니고 있다. 성실한 소통 리더가 될 준비가 된 셈이다. 또 삶의 목적을 중시하는 윗세대의 진지함을 물려받았으면서 아랫세대가 중요시하는 재미라는 가치 역시 중시한다. 그래서 재미와 의미라는 두 마리 토끼를 모두 놓치지 않을 수 있다.

X세대는 새 시대에 걸맞은 리더가 될 자질이 충분하다. 이제 시선을 안으로 향하고 내가 가진 특질을 규정할 차례다. 휩쓸리기 쉽다는 것은 관점에 따라 맞춤형 리더가 될 자질을 갖추었다는 것이고, 특색이 없어 보인다는 것은 넓은 포용력으로 감싸 안는 자질이 있다는 뜻도 된다. X세대는 원석과 같다. 그대로 두면 빛을 발하지 못하고 묻혀버릴 수 있다. 흑연과 다이아몬드는 둘 다 탄소로 이루어져 있지만 어떤 결정구조를 갖느냐에 따라 운명이 갈린다. 흑연으로 남을 것인가, 아니면 원석을 갈고 닦아 다이아몬드로 거듭날 것인가. 이는 X세대가 자신의 정체성을 어떻게 규정하고 용기를 내느냐에 달려 있다.

"살면서 누릴 수 있는 가장 큰 특권은 진정한 자기 자신으로 거듭나는 것이다." 칼 구스타브 융Carl Gustav Jung의 말로, 조너선 레이몬드Jonathan Raymond의 《좋은 권위》 서문에 나오는 말이기도 하다. 좋은 권위라는 것은 결국 남의 리더십을 어설프게 흉내 내는 것이 아니라 나다운 리더십을 발휘하는 것이다. 모든 리더에게 통용되지만, 기존의 리더십이 더 이상 통하지 않는 첫 시대를 살아야 하는 X세대에게 가장 필요한 말이다.

에필로그

1975년생 김민희입니다

최근 몇 년 동안 난생처음 해본 일이 많다. 300여 명을 대상으로 한 대형 강의를 해보았고, 늘 인터뷰어만 하다가 인터뷰이가 되어보았으며, 저자로서 북토크도 해보았다. 그뿐만 아니라 토론회의 연사로 참여했고 포럼 모더레이터도 했다. 말하기 대회의 최종심사평을 맡았고 북토크도 진행해보았다. 원고 청탁이 오면 흔쾌히 응했고, 콘텐츠 자문 요청에도 아주 적극적으로 하겠다고 했다.

이 모든 것이 처음이었으나 그렇다고 처음 의뢰받은 것은 아니었다. "제가요? 저는 아직 준비가 안 되었습니다" "경험이 없습니다" "이 분야에서 저보다 전문가가 많습니다." 이전까지 나는 이런 반응을 보여왔다. 당시는 이 거절을 겸손이라고 생각했다. 하지만 엄밀히 말하면 내가 나를 믿어주지 못했다. 누구나 처음은 있고 처음부터 잘하는 사람이 없다는 진리를 믿었지만, 이 진리를 나에게 적용하는 것에는 엄격했다. 그리고 이런 의뢰를 친구들에게 말할 때는 꼭 덧붙였다. "내가 나서는 것을 싫어하잖아." 그날도 마찬가지였다. 친구처럼 지내는 1960년대생 여성 교수님께 이런저런 의뢰를 거절한 일화를 들려주었다. 그분은 정색하면서 이렇게 말했다.

> 누군가 김 편집장에게 그런 의뢰를 했다면 이미 실력을 갖추었다는 증거예요. 아직 준비가 안 되었다면 과연 언제쯤 준비가 다 된 것일까요? 저 역시 인문계 출신이지만 인문계 출신 여성 중에는 충분히 실력을 갖추었는데도 나서지 않는 경우가 많아요. 나서는 것은 좋아 보이지 않는다는 사회화의 결과입니다.

나는 언제부터 겁쟁이가 되었나

생각해보면, 성장 과정에서 나는 늘 나서는 사람 쪽이었다. 초등학교 6년, 그리고 여중·여대·여대학원 등 여성만 있는 또

래들의 세상에서 13년간 늘 리더 역할을 했다. 반장을 도맡다시피 했고 대학교 4학년 때에는 과대표를 맡았다. 나서려 한 것은 아니었지만 자연스럽게 내 주변으로 친구들이 모였고 나에게 비밀을 털어놓았다. 나는 그들에게 친구 이상의 멘토 역할을 해왔다.

내가 '나서는 것'을 멈춘 것은 사회에 들어오면서다. 권위주의 질서가 만연한 기존의 남성 위주 질서에서 사회 초년생 여자가 나서는 모습은 좋아 보이지 않았을 것이다. 의도적으로 결심하거나 작정한 것은 아니었지만, 나는 회사 선배들로부터 인정받고 사랑받는 후배가 되기 위해 나 자신을 본능적으로 낮추어왔던 것 같다. 겸양과 겸손이 미덕이자 미움받지 않기 위한 길이라는 생각을 나도 모르게 내재화해왔다. 무엇보다, 서바이벌 스킬이 체화된 베이비부머, 국가와 민족을 위해 민주화 운동에 청춘을 불사른 86세대 선배들 앞에서 작아질 수밖에 없었다. 또래 집단에서는 리더가 될 수 있었지만, 윗세대와 함께 있으면 존재감이 한없이 작아지는 것을 느꼈다. 그들에게 나는 학생운동 한 번 해보지 않고, 두툼한 역사 서적을 섭렵하지 않은 한심한 후배이자 칼퇴근을 좋아하는 불성실한 직원으로 비쳤다.

주말 근무가 당연하던 2000년대 중반, 몸과 마음이 만신창이가 된 어느 날이었다. 한 선배가 내가 쓴 기사가 형편없다며 선

후배들이 다 듣는 앞에서 인격 모독에 가까운 언사로 자존심을 짓밟았다. 물론 처음 있는 일은 아니었다. 지금은 있을 수도 없는 폭언으로 후배들을 조리돌림하는 것이 일상인 시절이었다. 그날은 그저 내 차례일 뿐이었다.

당시 나는 입사 2년차였다. 대부분이 그렇듯 나 역시 천재형이 아니라 노력형이다. 거북이처럼 그저 한 걸음 한 걸음 내딛으면서 성장하는 타입이다. 그날, 그 선배는 나에게 완벽을 요구했던 것 같다. 아무리 들어보아도 그렇게까지 혼날 일은 아니었다. 한없이 찌그러져 있던 나는 그날 처음으로 눈을 똑바로 뜨고 물었다. 따지고 싶은 마음은 굴뚝 같았지만 꾹 참고 최대한 예의를 갖추어 물었다.

"○○님은 처음부터 잘하셨나요?"

그는 아주 큰 목소리로 대답했다.

"응, 나는 처음부터 잘했어. 대학교 때부터 내 글은 유명했어. 김민희 씨처럼 엉망진창이 아니었다고. 이따위 글로 나한테 반항하는 거야?"

할 말을 잃었다. 안 그래도 꼬깃꼬깃 구겨진 마음이 조각조각 부서져내리는 것 같았다. 그 이후로 나는 나서는 것을 더 무서워하게 되었다. 누군가 칭찬을 해주면서 기회를 주어도 그날의 기억이 떠오르면서 '나 같은 애가 무슨…' 하는 생각이 먼저 들었다.

다시, 용기를

다시 용기를 낸 것은 40대에 들어 X세대를 연구하면서부터다. 늘 "저는 전문가가 아닙니다" "저보다 더 잘 아는 사람이 많습니다"라며 거절하던 내가 "이거라면 잘할 수 있겠습니다"라고 용기를 낸 첫 번째 사건이 바로 X세대의 리더십 관련 강의였다. 우리 세대의 애환과 잠재력에 관한 이야기라면 잘할 수 있겠다는 자신감이 있었다. 우리 세대는 자신을 드러내는 것을 좋아하지 않는 편이라 떠벌려 말하지는 않았다. 하지만 해온 것도, 앞으로 할 수 있는 부분도, 꼭 해야 할 부분도 많다고 이야기하고 싶은 마음이 컸다.

그 무대는 내가 본격적으로 '나서게 된' 첫 번째 데뷔 무대가 되었다. 무대 위에서 나는 새로운 희열을 느꼈다. 막상 해보니 시도하기도 전에 느껴졌던 그 까마득한 두려움은 실체가 아니라 과장된 두려움이었음을 알게 되었다. 그 두려움의 감옥은 내가 스스로 만든 것이었고, 권력을 곧 실력으로 착각한 이들에게 억누름을 당해서 생긴 마음 감옥이었다. 나 같은 X세대 친구들을 무수히 보아왔다. 두려움이라는 감옥에 갇혀서 자신이 가진 잠재력을 펴보지도 못한 채 그저 묻혀 있는 친구들을.

타고난 성격인 줄 알았던 상당 부분이 사실은 세대론의 산물이었음을 안 뒤로 나는 더 당당해지기로 했다. 무대 뒤에 숨어 있던 나는 그날 이후 태도를 180도 바꾸기로 마음먹었다. “저는 아직 준비가 안 되었습니다”에서 “안 해보았지만 해보겠습니다”로. 안 해보던 것을 하나하나 해보면서, 나는 과잉 사회화로 짓눌린 나 자신을 해방하기 시작했다. 세상에는 잘난 사람이 많지만 나 같은 사람은 이 세상에 나밖에 없고, 세상에는 나를 싫어하는 사람도 있지만 나를 지지해주는 사람이 더 많다. 나는 그저 내가 할 수 있는 만큼만 나에게 주어진 것들에 대해 최선을 다하면 된다.

그러면서 MBTI도 바뀌었다. 네 항목 모두 중간 지점인 50퍼센트 선에서 크게 벗어나지 않았지만, 마음가짐의 변화가 나를 내향형에서 외향형으로, 직관형에서 감각형에 가까운 사람으로 이동하게 했다. 조금 더 많은 사람에게 나를 노출하고, 조금 더 현실적인 사람에 가깝게 바뀐 것이다.

그리고 이 책을 쓰면서 나는 나를 더 깊숙이 알게 되었다. 원래 이런 사람으로 알고 있었던 상당 부분이 사실은 내가 겪어온 사회문화적 환경의 영향이었음을 깨달았다. 또한 내면의 목소리보다 외부의 목소리에 더 귀를 기울이다 보니 정작 중요한 것을 놓치면서 살아왔음을 각성하게 되었다. 이로 인해 나는 X세대로서 겪은 공통의 원체험으로부터 자유로울 수는 없지만 어디까지가 나의 원형의 자아이고 어디서부터가 위장된 자아인지를 구별하는 힘이 생겼다. 그리고 지금은 이 둘이 통합하는 과정을 보고 있다.

무엇보다 어정쩡해 보이는 이 성격의 상당 부분이 내가 X세대로서 겪어온 사회적 자아에서 연유했음을 알면서 새로운 잠재력을 보게 되었다. 어정쩡하다는 말은 사전적 의미로 "분명하지 않고 모호하거나 어중간하다"라는 뜻이다. 색으로 치자면 선명한 원색이 아니라 수십 개의 경계가 있는 다양한 무지개색에 가깝다. X세대는 무엇이라고 설명하기 애매하고 이도 저도 아니어서 다양한 세대를 모아놓은 집단에서는 도드라지지 않는다. 하지만 관점을 바꾸면 다른 것이 보인다. 다양한 스펙트럼을 지녔으니 그 무엇도 될 수 있다는 가능성의 세대라는!

자기 확신력의 중요성

우리는 정작 우리 세대의 진면목을 제대로 보려 하지 않았다. X세대는 개인주의의 첫 세대라는 점에서 86세대의 아류가 아니며, 목표 지향의 성실한 잡초 세대라는 점에서 밀레니얼 세대의 베타버전이 아니다. X세대는 X세대다. 모래알처럼 흩어진

타고난 성격인 줄 알았던 상당 부분이 사실은

세대론의 산물이었음을 안 뒤로 나는 더 당당해지기로 했다.

무대 뒤에 숨어 있던 나는

그날 이후 태도를 180도 바꾸기로 마음먹었다.

"저는 아직 준비가 안 되었습니다"에서

"안 해보았지만 해보겠습니다"로.

개인들의 총합을 보면 그 어느 세대보다 중요한 역할을 해왔음을 알 수 있다. 대한민국의 문화 기틀을 다진 세대이자 선진국 진입의 디딤돌을 놓은 라이프 스타일의 개척자 세대다. 개성과 자유분방, 탈권위와 다양성을 존중하는 첫 시민 세대로서, 나다움을 잃지 않고 차곡차곡 실력을 쌓아온 세대이기도 하다.

X세대에게 가장 필요한 것은 자기 확신력이다. 모두가 나설 필요는 없지만, 누군가가 알아주기를 기다리는 숨은 실력자는 스스로 걸어나오면 좋겠다. 숨은 실력자를 알아보아주고 끌어내주는 사람은 생각보다 많지 않다. 내가 나를 끌어내지 않으면 영영 묻혀버릴 수 있다. 중요한 것은 믿음이다. 내가 나의 실력과 잠재력을 믿고 스스로를 응원하고 지지해주는 것 말이다.

인구구성 면으로는 1960년대생(860만 명)에 이어 두 번째(830만 명)로 많은 1970년대생은 사실, 겉으로는 드러나지 않아도 한 명 한 명이 남다른 문화 유전자를 가진 실력자 세대다. 조명만 받으면 그 누구보다 반짝거릴 만한 원석들이 곳곳에 있다.

그러니 X세대여, 어정쩡함 속에 숨겨진 그 다양한 스펙트럼을 통해 진짜 나를 들여다보면 좋겠다. 당신은 당신이 아는 그 이상일 수 있다.

- 김경훈, 《모모세대가 몰려온다》, 흐름출판, 2014.
- 김성회, 《센 세대, 낀 세대, 신세대 3세대 전쟁과 평화》, 쌤앤파커스, 2020.
- 김용섭, 《라이프 트렌드 2019》, 부키, 2018.
- 김호기, 〈X세대에서 낀낀세대로 40대, 그들은 누구인가: X세대의 사회학〉, 메디치미디어 '피렌체의 식탁' 창간 1주년 기념 심포지엄, 2019.
- 《뉴욕타임스》, 〈BTS부터 '오징어 게임'까지: 한국은 어떻게 문화계 거물이 되었나From BTS to 'Squid Game': How South Korea Became a Cultural Juggernaut〉, 2021년 11월 3일.
- 돈 탭스코트, 《디지털 네이티브》, 이진원 옮김, 비즈니스북스, 2009.
- 《동아일보》, 〈국민의 60퍼센트 이상이 나는 중산층〉, 1989년 1월 23일.
- 모종린, 《인문학, 라이프 스타일을 제안하다》, 지식의숲, 2020.
- 문화체육부, 《94년도 청소년 육성정책 결산 및 95년도 청소년 정책 방향》, 1994.
- BBC, 〈'오징어 게임': 한국 드라마 중독의 증가Squid Game: The rise of Korean drama addiction〉, 2021년 10월 15일.
- 송호근, 《그들은 소리 내 울지 않는다》, 이와우, 2013.
- 송찬호, 〈구두〉, 《10년 동안의 빈 의자》, 문학과지성사, 1994.
- 여성가족부, 《2020 통계로 보는 여성의 삶》, 2020.
- 이나가키 히데히로, 《전략가, 잡초》, 김소영 옮김, 김진옥 감수, 더숲, 2021.

- 이은형, 〈X세대에서 낀낀세대로 40대, 그들은 누구인가: 응답하라! X세대〉, 메디치미디어 '피렌체의 식탁' 창간 1주년 기념 심포지엄, 2019.
- 이철승, 《불평등의 세대》, 문학과지성사, 2019.
- 잡코리아, 《시가총액 상위 30개사 임원의 현황 분석》, 2020.
- 전영수, 《세대전쟁》, 이인시각, 2013.
- 제일기획, 《2635 세대 부모 Fair-ents》, 2006.
- 조너선 레이몬드, 《좋은 권위》, 서유라 옮김, 한스미디어, 2017.
- 조미진, 《낀 세대 리더십의 반란》, 알에이치코리아, 2014.
- 《조선일보》, 〈[책 전문가 46인이 꼽은 '2016년 올해의 저자'] 문화인류학·물리학… 책 잘 쓰는 전문가 시대를 열다〉, 2016년 12월 17일.
- 《주간조선》, 〈잊혀진 X세대의 비명, 1990년대를 휩쓴 신인류들은 어디로 갔나〉, 2394호, 2018년 1월 29일.
- 최샛별, 《문화사회학으로 바라본 한국의 세대 연대기》, 이화여자대학교출판문화원, 2018.
- 최재붕, 《포노 사피엔스》, 쌤앤파커스, 2019.
- 킴 스콧, 《실리콘밸리의 팀장들》, 박세연 옮김, 청림출판, 2019.
- 《톱클래스》, 〈경영하는 디자이너의 대단한 꿈, '배달의민족' 김봉진 대표〉, 2018년 9월호.
- 통계청, 《통계로 보는 여성의 삶》, 2020.

다정한 개인주의자

김민희 지음

초판 1쇄 인쇄일 2022년 4월 7일
초판 1쇄 발행일 2022년 4월 20일

ISBN 979-11-5706-255-3 (03300)

만든사람들
기획편집 임채혁
디자인 어나더페이퍼
마케팅 김성현
인쇄 아트인

펴낸이 김현종
펴낸곳 ㈜메디치미디어
경영지원 전선정 김유라
등록일 2008년 8월 20일 제300-2008-76호
주소 서울시 중구 중림로7길 4
전화 02-735-3308
팩스 02-735-3309
이메일 dacapoian@medicimedia.co.kr
페이스북 facebook.com/medicimedia
인스타그램 @medicimedia
홈페이지 www.medicimedia.co.kr